青春文庫

100ページで人を動かす！ 心理戦

【その気にさせる神ワザ篇】

サイコロジー・クラブ［編］

青春出版社

はじめに

自分自身の心理状態、そして人の気持ちに対する理解を深めるには、どうすればいいか——。その王道であり、近道は「心理学」を学ぶことでしょう。人をこちらの思う方向に誘導し、心理戦に勝ち抜くためにも、心理学の知識は役に立ちます。

そこで、本書には、行動経済学《こうどうけいざいがく》と社会心理学《しゃかいしんりがく》を中心に、人を動かし、心理戦に勝ち抜くための知識とテクニックを満載しました。なお、行動経済学は「経済学」の一分野ではあるものの、実質的には心理学といえます。

また、本書では、近年注目を集めている「心理的安全性《しんりてきあんぜんせい》」についても、紙数を割きました。これは、まだ馴染みのない言葉かもしれませんが、今、「企業や組織の円滑な発展に欠かせない概念」として、世界的な注目を集めているキーワードです。

というように、本書では、１００ページあまりというコンパクトな紙数の中に、行動経済学、社会心理学、心理的安全性のエッセンスという盛りだくさんな内容を詰めこみました。人間関係がいよいよ難しくなる昨今、ほんの1時間ほど、本書をひもとき、仕事や暮らしに役立つ心理知識と技術を身につけていただければ幸いに思います。

２０２３年４月

サイコロジー・クラブ

目　次

chapter 3

いいアイデアは、いい環境から生まれる ――「心理的安全性」の使い方……99

カバー・本文イラスト■AdobeStock
DTP■フジマックオフィス

「見えない力」で
他人を動かす
――「行動経済学」の使い方

chapter
1

Understand the state of mind
of others in just 100 pages!

1 「人は合理的に行動できない」ものと考えよう

行動経済学のキホン

行動経済学は、経済学のなかでも、新しい研究分野。近年、ノーベル賞受賞者を輩出している成長株の区分です。

そのテーマを一言でいえば、**「人は、なぜ損をするのか？」**。

これまでの経済学は、人がどのように「合理的」に行動し、「儲けるか」を研究したのに対し、行動経済学では、人がどのように「非合理的」に行動し、「損をするか」を研究するといっていいでしょう。

そもそも、人は、つねに合理的に行動するわけではありません。感情的になり、損得を考えず、無謀な行動に出ることもあれば、いつも十分な情報を持っているわけではないので、合理的に行動しようとしても、できないこともあります。そこで、**「人は合理的に行動できない」**ことを前提にしたこの学問分野が生まれたのです。

そうした意味で、きわめて人間臭く、実践的な学問であり、その知見を応用すれば、相手を誘導することもできれば、心理戦を有利に運ぶことも可能になります。

2 なぜ、絶好のチャンスほど見逃してしまうのか

損得の非対称性

さて、人は、とにかく「損をしたくない」生き物です。この**「損失回避性」**は、行動経済学の根幹をなすキーワードです。後述する「サンクコスト効果」や「現在志向バイアス」なども、この傾向と関係しています。

損失回避性とは何か？――一言で説明すると、**「得よりも、損に大きく反応する**傾向」です。

心理実験によると、損をしたときの「悲しみ」は、得をしたときの「喜び」の2・25倍にのぼります。つまり、10万円損をしたときの辛さは、22万5000円得をしたときの嬉しさに匹敵するのです。別の研究では、損失の痛みはさらに大きくなり、獲得の喜びの4倍になると報告されています。

こうした心理傾向は、**「損得の非対称性」**と呼ばれます。損と得による痛みと喜びの大きさが「非対称的」であるという意味です。

この傾向があるため、人は、意思決定をするとき、「得をしたい」という気持ちよりも、「損をしたくない」という気持ちを優先しがちです。そこから生じるのが、**「損失回避バイアス」**です。これは、**損失を避けたいがため、不合理な意思決定を行うバイアス（偏り・偏向）**のこと。かなりの確率で得をできるのに、損をするリスクが少しでもあると、そのチャンスを見送ってしまうような傾向のことです。

たとえば、次の2つの選択肢があるとき、あなたは、どちらを選ぶでしょうか？

① 80％の確率で、4000円支払わなければならないが、20％の確率で支払わなくてもいい。

② 確実に3000円支払う。

心理調査では、この質問を95人に対して行ったところ、回答者のじつに92％が①と答え、②と答えた人は8％にとどまりました。

しかし、どれくらい損をするかという〝逆期待値〟を計算すると、

①は、マイナス4000円×0・8（80％）でマイナス3200円。

②は、マイナス3000円×1（100%）で、マイナス3000円のまま。

というわけで、〝逆期待値〟的には、①のほうが損をする金額は大きくなるのです。それでも、人は、確実に損をする②を避け、損をしないかもしれない①を選択するのです。

とりわけ、日本人は、欧米人に比べて「損失回避性が高い」といわれます。それが、欧米に比べて、株式投資などの損をするかもしれない投資を避け、金利がほとんどつかなくても、資金を安全な貯蓄に回す人が多いことの理由のひとつとみられています。

3 損切り、撤退できなくなる人間心理を解剖する

サンクコスト効果

損失回避性は、「チャンスを失う」こと以外にも、さまざまな非合理的な意思決定の原因になります。その代表格が、この**「サンクコスト効果」（埋没費用効果）**です。**平たくいうと、「損切りできなくなる心理傾向」**のことです。

たとえば、A社がある事業に投資したものの、うまくいかず、合理的に判断すれば、撤退したほうが損失をおさえられる状態になっているとします。

しかし、合理的に判断できないのです。

A社は、それまでに、その事業に資金や労力を投入しています。撤退すれば、それがすべてムダになってしまいます。それを惜しむため、合理的な判断を下せない状態に陥るのです。そこには「損切りしたくない心理」、あるいは「損を確定させたくない心理」が働いています。

このサンクコスト効果によって、赤字を垂れ流し続けた例は枚挙にいとまがありません。なかでも有名な事例は、かつての超音速旅客機コンコルドのケースです。

この世界初の超音速旅客機が採算ベースに乗らないことは、開発段階から、ほぼわかっていたのですが、誰も動きはじめた巨大プロジェクトを止めることができませんでした。その後、開発は続き、現実に運用され、膨大な赤字を垂れ流し続けることになったのです。

そして、2000年7月、113名が亡くなるという墜落事故が起きて、ようやくコンコルドの運用はストップしました。そうした痛ましい事故でも起きないかぎり、誰もこの失敗プロジェクトを止めることができなかったのです。この事例から、サンクコスト効果は別名**「コンコルドの誤謬《ごびゅう》」**とも呼ばれます。

個人的な意思決定でも、しばしばこの効果が働きます。値段の下がった株を損切りできないのも、その影響です。

たとえば、Bさんは、昔買った重厚長大産業の株を、いつまでも持ちつづけています。その産業が、今後、復活する可能性が低いことは、Bさんも百も承知です。損切りして、成長産業の株に乗り換えたほうが、利益の出る確率はずっと高まることも、重々わかっています。

しかし、損切りできないのです。それが、人間の経済的「性《さが》」です。

というように、人や企業、あるいは国家は、**「損失」が出ている状況を冷静に見れば、即座に撤退するのが合理的だとわかっていても、サンクコスト（埋没費用）にしばられてしまう**ことがあります。「今までの投資がムダになる」、「今までの費用と労力がもったいないから」という理由で、事業や投資を継続し、損失を拡大させてしまうのです。

とりわけ、わが国の組織の場合は、長く続く右肩下がりの時代にあって、「自分が責任者の間に損失を確定させたくない」という心理が強く働くため、ますます損切りしにくい状況に陥ってしまいます。その**誤謬の集積が、「失われた30年」を生んだ**といっても過言ではないでしょう。

4 目先の利益に飛びつく人が見落としている大事なこと

現在志向バイアス

ここで、ひとつ質問をしたいと思います。あなたは、今、お金をもらえるとしたら、次のいずれの「もらい方」を選ぶでしょうか？

① 今すぐ、10万円もらえる。
② 3年後に、20万円もらえる。

過去の調査・実験では、この2択では、①を選ぶ人が多いことがわかっています。

ことわざにも「明日の百より今日の五十」とありますが、人には**「目先の利益を確定させたい（とりあえず、もらえるものはもらっておきたい）」という心理傾向**

があるのです。

冷静に考えると、現在の低金利では、どんな金融機関にお金を預けても、3年間で2倍になることはありません。だから、②を選んだほうが、経済的には合理的な行動といえます。大半の人は、そんなことはご承知でしょう。しかし、頭ではわかっていても、とりあえず①を選んで、現金を手に入れたくなるのが、人間心理なのです。

こうした心の働きを、行動経済学では**「現在志向バイアス」**と呼びます。「将来の大きな利益よりも、今すぐ手に入る利益を優先させる傾向」のことです。

この傾向は**「マシュマロ実験」**と呼ばれる有名な心理実験によっても確認されています。心理学者のウォルター・ミシェルは、子供たちのいる部屋に、1人一個ずつのマシュマロを用意し、部屋を出る際、「私が戻ってくるまでの15分間、食べるのを我慢したら、もうひとつマシュマロをあげるよ」と告げました。そうして、子供たちの様子を観察したのです。

すると、3分の2の子供たちが、マシュマロを食べてしまったのです。15分間待つだけで、2つ食べられることがわかっていても、「目先の利益」を優先してしまう――それが多くの人に共通する傾向なのです。

5 近年、最も注目されている「人の動かし方」

ナッジ①

話を**「ナッジ」**に移します。これは近年、行動経済学のなかでも、ひときわ注目を集めている手法です。

「ナッジ」（nudge）とは、英語で「そっと突く」という意味で、人の肘《ひじ》を軽くつついて行動をうながすように、**「小さな工夫によって、人を誘導する方法」**を指します。２０１７年、ノーベル経済学賞を受賞したアメリカの経済学者リチャード・セイラーらによって提唱されてきた手法です。

まずは、人をうまくナッジして、大きな成功をおさめた事例を紹介しましょう。

以前、熊本県の地域医療センターでは、看護師の残業時間が長く、その分、離職率が高い状況でした。そこで、残業を減らすため、看護師のユニフォームを「２色」に色分けすることにしたのです。日勤（朝から夕方まで勤務）の人はピンク、夜勤（夕方から朝まで勤務）の人は緑色に分けました。つまり、その人が日勤か夜勤か、残業しているのかどうか、ユニフォームの色の違いで、一目でわかるようにしたのです。

すると、残業が激減しました。

夕方以降、他の看護師が夜勤用の緑色のユニフォームを着ているなか、残業している看護師は1人、ピンクのユニフォームを着ていることになります。すると、本人は居づらさを感じ、また他の看護師も、残業中のピンクのユニフォームの人には仕事を頼みにくくなります。そうして、残業時間は、それまで年間の平均残業時間が112時間だったのに対し、22時間にまで急減、離職率も半分以下に下がったのです。

というように、**人をうまくナッジできれば、声高に命令することもなく、大きなお金をかけることもなく、目的を達成できる**のです。

もうすこし、ナッジの成功事例を紹介してみましょう。横浜のある商店街では、喫煙所近くのタバコのポイ捨てに悩んでいました。そこで、タバコの吸殻で「投票」する「アンケート箱」（要するに灰皿）を用意したのです。そして、「1年後に

1億円もらうのと、10年後に10億円もらうのでは、どちらがいいですか?」という質問を掲げ、どちらかの灰皿に「投票」してもらう(吸殻を捨ててもらう)ようにしたのです。すると、タバコのポイ捨てが8割も減りました。

ナッジの事例として、最も有名な話は、アムステルダム・スキムポール空港の「男性小便器のハエ」です。

同空港では、小便器の周りを汚す人が多かったため、便器の中央に「ハエ」のシールを貼りつけました。すると、飛沫が80%も減ったのです。むろん、利用者の多くがハエに「狙い」を定めたためでした。

というように、**うまくナッジできれば、小さなコストで、人を大きく誘導できる**——。そんなところから、近年、この手法が世界的な注目を集めているのです。

6 さりげないひと言で、他人を思う方向にナッジする

ナッジ②

人をナッジするには、いろいろな方法があるのですが、むろん**「言葉」は最有力**

の手段です。言葉をうまく使うと、ビジネスでもふだんの暮らしでも、人をうまく誘導できます。

こんな事例があります。階段とエスカレーターが併設されている場所で、施設管理者は、健康増進のため、階段の利用を呼びかけたのですが、いっこうに階段をのぼる人の数は増えませんでした。ところが、階段の途中に「ここまでのぼると、○○キロカロリー消費」と表示したところ、階段利用者が急増したのです。

このように、言葉をうまく使って訴えると、人をうまくナッジできます。たとえば、歩行ルートを誘導する際、次のどちらの言い方が効果的でしょうか？

①　こちらの道を通ってください。

②　こちらの道のほうが早く着きますので、通ってください。

むろん、②のほうが「こちらの道」を進む人は多くなるはずです。①のようにいうと、ただの通行規制ですが、②のように言い換えて、「早く着く」と〝**利益誘導**〟**すると、人の流れをスムーズに変えられる**のです。

7 〝相手の利益〟をきちんと言葉で伝えるのがポイント

ナッジ③

ある立ち食い蕎麦のチェーン店では、茹でた蕎麦がなくなって、次の提供まで時間がかかるとき、お客に次のように伝えるようにしています。

「茹でたてをご用意しますので、5分ほど、お待ちいただけますか？」

これを単に「5分ほど、お待ちいただけますか？」というと、「立ち食い蕎麦なのに、5分もかかるのか！」と、不満を抱くお客は少なくないでしょう。一方、「茹でたてをご用意しますので」と付け加えると、「茹でたてを食べられるのなら、待つとするか」と思うお客が増え、不満をおさえることができるのです。

というように、**相手に「得になる」と思わせるように話すのが、言葉で人をナッジする**基本になります。

その一方、**「損をしては大変」と思わせて、人をナッジする**方法もあります。

たとえば、迷惑駐車をやめさせたいとき、「ここに車を駐めないでください」というと、角が立つことになります。悪くすると、後述の「心理的リアクタンス（抵抗）」が働いて、事態は逆効果にすすみかねません。

そこで、相手が「損をしては大変」と思うような言葉を選ぶのが得策です。たとえば、「このあたり、いたずらが多いんですよ。大丈夫でしたか？」と、告げてみるのです。すると、相手は「いたずらされては大変」と、こちらを「親切な人」とさえ思いながら、駐車を避けるようになるはずです。

という具合に、**損になると暗示すれば、前述した「損失回避性」も働いて、人をうまく誘導できる**というわけです。

8 「承認欲求」に注目すると、ナッジの効果は倍増する

ナッジ④

人の心には、他の人から認められたい、ほめられたいという**「承認欲求」**が宿っています。

その承認欲求にうまく働きかければ、人をナッジできます。相手に「尊重されて

いる」と感じさせることができれば、こちらの思う方向に誘導しやすくなるのです。

たとえば、人にモノをあげるときは、「これ、よかったら、あげますよ」というよりも、「これ、もらっていただけると、助かるのですが」といったほうが、相手が「はい」という確率は高まるでしょう。前者は、相手を下に見るようなニュアンスを含むため、相手は、「はい」とは答えにくい気持ちになります。一方、後者のような**「依頼」の形をとると、相手は「そうおっしゃるのなら」と受け取りやすくなる**のです。

逆に、相手を否定するような言葉は、誘導には不適切です。たとえば、近所にうるさい人がいる場合、「うるさいですよ」と抗議すると、騒音トラブルに発展しかねません。

そこで、「うちの声、届いていませんか」といってみるのです。そういうと、「うちの声が届く」ことを心配しているという形で、「そちらの声が筒抜けになっている」状況を察してもらえるというわけです。

9 人は、情報の与えられ方で、どうにでも錯覚する

フレーミング効果

この項からは、行動経済学のいろいろな知見を紹介していきます。まずは**「フレーミング効果」**です。

これは、**中身は同じ話でも、表現方法によって、別の情報のように感じる「認知バイアス」**に由来する効果です。情報のどこに「フレーム」を当てるかによって、違う情報のように感じられることから、「フレーミング効果」と呼ばれます。

たとえば、あなたは、次の2つの文章（情報）を読んで、どちらが「ワクチンを打とう！」という気持ちになるでしょうか？

① このワクチンを打つと、感染を80％予防できます。

② このワクチンを打っても、20％の割合で感染します。

多くの人は、①のほうだと思います。むろん、一読すれば、①と②の文章が、同じことをいっているのは、おわかりだと思います。それでも、②の文章では、ワク

チンを打とうという気持ちにはなりにくいのです。

実際、同様の文章を使った心理実験によって、後者のような文章の場合、人をほとんど誘導できないことが明らかになっています。エイモス・トベルスキーという心理学者は、多数の医師に対して、次のような2つの表現方法で、その手術を行うかどうかを尋ねました。

① 生存率90％の手術。

② 死亡率10％の手術。

すると、①に対しては、84％の医師が「その手術をする」と回答しました。しかし、②は50％の人しか、「その手術をする」とは答えなかったのです。

むろん、①と②は、同じことをいっています。しかし、生と死という「フレーム」の当て方を変えることによって、専門家である医師の判断にも、これほどの違いが生じたのです。

というように、人の意思決定は、情報の与え方によって、かなりの部分、誘導できます。そして、**人を誘導したいときは、おおむねポジティブなモノの言い方が効果的**です。前述のワクチンの場合は「予防できること」、手術の場合は「生存率」

にフレームを当てたように、**なるべく肯定的に表現する**のです。それが、人を言葉で誘導するコツです。

10 人の意思決定を歪めてしまうコワい数字の話

アンカリング効果

「アンカリング効果」も、前項と同様、情報の与えられ方によって意思決定が変わる心理傾向のひとつです。

この効果の主役をつとめるのは**「数字」**です。**最初に与えられた数字が「アンカー（錨《いかり》）」のような働きをして、人の意思決定を歪める**のです。

たとえば、ここに4万8000円の炊飯器があるとします。次の2種類の値段表示を見て、どちらを安く感じるでしょうか？

① 4万8000円。

② 通常価格8万円のところ、40％オフの4万8000円。

多くの人が②のほうが、「お買い得」と感じたと思います。①のように、単に

「4万8000円」と提示されると、大半の人が「炊飯器としては高い」と感じたはずです。しかし、②のようにいわれると、同じ4万8000円でも、感じ方が変わってくるのです。「通常価格8万円」という最初の数字が「アンカー（基準）」になるため、4万8000円という価格が比較的安く思えるのです。

おおむね、「2種類の価格」を載せている広告やポップは、このアンカリング効果を狙ったものです。「メーカー希望小売価格」などを提示して、「アンカー」にすることで、その次に提示する実際の価格を安く思わせようとしているのです。

対面セールスでも、この効果を狙った方法が、よく使われています。たとえば、カーディーラーのセールススタッフは当初、お客に本命の価格帯よりも、やや高価な車を紹介するものです。すると、その価格がアンカーになり、お客はそれよりも低い価格帯の車を「安い」と感じるようになります。むろん、そうなれば、購入につながりやすくなります。

こうした効果は、値段以外にも、応用可能です。たとえば、遅刻しそうになって、相手に「○分、遅れます」と連絡するときは、実際に到着できそうな時刻よりも、すこし遅めの時刻を伝えるのが得策です。たとえば、30分遅れそうなときには、「40分遅刻します」と伝えるのです。

すると、この「40分」という数字がアンカーとなるため、「30分」で着くと、相手に「意外に早く来たな」、「最後は走ったのかな」と思わせることができます。

一方、30分くらい遅れそうなときに、「30分ほど、遅れます」というのは、下手な伝え方。その時間どおりに着いても当たり前のことですし、悪くしてそれ以上遅れたときには、相手をさらにイライラさせることになるからです。

11 まずは、相手の主張を受け止めるのが、説得の第一歩

心理的リアクタンス

ここで、クイズをひとつ。

「フランス人を走らせるには、どうすればいいか？」

その答えは、「走るな、といえばいい」。

むろん、ジョークですが、フランス人の国民性をよく表した小話といえます。フランスは数度の革命によって、自由と平等を勝ちとったお国柄、他者からの強制や

制限には、人一倍抵抗します。そのため、「走るな」と禁じられると、それに反発して真反対の行動をとり、走りだすというわけです。

心理学では、こうした**「禁止されるほど、反発したくなる」**心理を**「心理的リアクタンス」**と呼びます。リアクタンスは「抵抗」という意味です。

フランス人のみならず、人は誰しも「自分の自由意志で、物事を決めたい」という欲求をもっています。そして、その自由を奪われると、反発したくなります。つまり、「するな」といわれるほど、したくなるのです。

その最もわかりやすい例は、「恋愛」でしょう。恋愛は、周囲から反対されるほど、燃え上がるものですが、それも心理的リアクタンスが働いた結果といえます。

心理学者のドリスコールは、「禁じられた恋」が燃え上がる心理メカニズムを**「ロミオとジュリエット効果」**と命名し、次のような調査を行いました。

１００組以上の夫婦とカップルを対象にして、交際中の親の妨害度と恋愛感情のレベルを調べたのです。すると、親が反対した（している）夫婦やカップルほど、恋愛感情が強いことがわかりました。

この心理的リアクタンスは、日常生活のさまざまな場面でも働いています。たとえば、親から「勉強しろ」といわれるほど、勉強したくなくなるものです。

そうした心理を「逆利用」して、相手の気持ちや態度を誘導することも可能です。たとえば、あなたが今、Aという商品をお客に売りたいと思っているとします。そのとき、お客に、Aだけでなく、Bという対抗馬もすすめて、反発心を利用するのです。

まずは、お客に本命のAをすすめ、相手が難色を示したら、次にBをすすめ、その際、Bのメリットを強調します。すると、お客は「Aを買わずに、Bを買え」と強制されたように感じ、それへの反発心から、Aに興味を覚えるようになるのです。そうして、あなたが買わせたいと思った商品に関心を向かわせることができるというわけです。

逆に、人に「何かをやめさせたい」とき、厳しく禁止するのは下手な方法です。とりわけ、「絶対にやめろ」「絶対にすべきではない」といった強制的な表現を使うと、相手の反発を買う可能性が高まります。

それよりも、まずは相手の主張をいったんは認め、心理的な反発を取り除くことです。この**「相手の主張をいったん認める」**という手法は、心理カウンセリングでもよく使われる**「容認」**というテクニックです。

人は、自分の主張が認められると、「尊重されている」と感じ、心を開きます。すると、**不満や抵抗心が和らぎ、相手の言葉に耳を傾ける余裕が生じる**のです。

そもそも、説得される側が、説得者に対して反発心を抱いている場合、説得者がどのように言葉を尽くして話しても、説得することはできません。下手をすると、相手は、説得に応じるどころか、真反対の行動をとりはじめるのです。

12 接触回数が増えると、相手の好感度はどう変化する？

ザイオンス効果

こんな経験はないでしょうか？　最初は、まったく興味がなかったタレントだったのに、テレビやネットで頻繁に見かけるうち、しだいに気になりはじめ、好印象を抱くようにもなった——という経験です。

こうした心理傾向を行動経済学や社会心理学では、**「ザイオンス効果」**と呼びます。**「相手との接触機会が増えるにつれて、評価が高くなる」**という心理効果です。

短期間に何度も関連する情報を目にしていると、認知が強化され、それが興味や好感につながるのです。アメリカの心理学者ロバート・ザイオンスが発表したことから、この名で呼ばれます。

この効果は、マーケティング手法に広く利用されています。たとえば、「メールマガジンを定期的に配信する」、「ＳＮＳやブログを頻繁に更新する」、「テレビＣＭをヘビーなローテーションで流す」などの方法です。消費者がそれらの情報に頻繁に接すると、そこにザイオンス効果が生じるのです。

ただし、**ザイオンス効果による好意の上昇には「制限回数」があります**。無限に好感度がアップするわけではなく、接する回数が多すぎると、かえって「しつこい」、「うるさい」という悪印象が生じます。おおむね、**ザイオンス効果が働くのは、接触回数10回程度まで**とみられています。

同じ人を頻繁に見かけたり、声を聞いたりしているうちに、相手に対して好意を抱くという心理傾向は、次の実験でも確かめられています。

まず、ＡからＦまで、６人の写真を用意し、被験者に見せます。その際、Ａの写真は1回だけ、Ｂは2回、Ｃは5回、Ｄは10回、Ｅは25回、Ｆは見せないと、回数を変えました。

そして、その後、被験者がA～Fのどの人物に好感を持ったかを質問すると、好感度は、写真を見た回数の多い人ほど高かったのです。

13 本命の選択肢に誘導できる選択肢の増やし方
おとり効果

鰻屋のメニューには、松、竹、梅の3種類が用意されているものです。そして、多くのお客は「竹」を選びます。人には、**「3つの選択肢があるとき、真ん中を選ぶ」**という心理傾向があるからです。

この場合、他の2種類（松と梅）は、「おとり」のような役割を果たしています。そこから、このように、選択肢を増やし、「おとり」とすることで、本命の選択肢を選ばせる効果を**「おとり効果」**と呼びます。

この効果をうまく利用すると、消費者の選択を「売りたい商品」に誘導することができます。まず、商品のラインアップを決める際、「廉価版」と「高級版」の2

種類を用意すると、売り上げは廉価版に集中します。

しかし、それでは、数は出ても、値段が安い分、利益はあまり出ません。そこで、「中間的な価格の商品」をラインアップに加えるのです。すると、最も売れるのは、鰻屋の「竹」のように、「中間的な価格の商品」になります。そうすることで、廉価版に売り上げが集中しているときよりは、利益が増えるのです。

では、「高級版」の売り上げを伸ばす方法はないのでしょうか？　これも、すこしひねった「おとり作戦」によって、可能になります。たとえば、次のような3種類の商品を用意するのです。

①　性能はよいが、値段は高い。

②　性能は低いが、値段はリーズナブル。

③　性能は①と②の中間なのに、値段は①よりも高い。

このとき、「値段は高いのに性能が落ちる③」を選ぶ人は、ほぼいません。それでも、③をラインアップに加えることには、意味があります。③を加えることで、①の魅力度が高まるからです。つまり、「③に比べると、①はお買い得」と思えてくるのです。

そのため、①と②しか用意していない場合は、廉価版の②に売れ行きが集中しますが、③を加えると、①が比較的よく売れるようになるのです。つまり、割高の③が、高級版の①を引き立てるおとりの役割を果たすのです。

14 人がもっとも油断する、その瞬間が狙われる

テンション・リダクション効果

「テンション・リダクション効果」は、簡単にいうと、**「無意識のうちに、財布のひもがゆるんでしまう効果」**。tension は「緊張」、reduction は「減少」という意味です。

人は、大きな買い物をするときなど、重要な判断を下すときには、集中力の高まった状態にあります。しかし、一度、判断を下すと、集中力がとぎれ、ふだん以上に注意力が散漫な状態になります。その状態のとき、新たな提案をされると、あっさりOKしてしまう傾向・効果を「テンション・リダクション効果」と呼ぶのです。

実際、セールスの世界では、この心理的な「隙間」を突く手法が多用されています。最もよく利用しているのは、アパレル業界や家電業界です。

たとえば、あなたは、あれこれ迷って、高価な服を買ったあと、「このスーツには、このネクタイが、とても合いますよ」や「そのパンツには、このベルトがお似合いですよ」などと、「追加商品」をすすめられ、あっさり購入してしまったことはないでしょうか？

あるいは、テレビなど、高額の家電を買ったとき、ケーブルなどの付属品をすすめられ、深く考えることもなく、「じゃあ、それも」と返事してしまったことはないでしょうか？

アパレル業界や家電業界では、そうしたお客の心理的間隙を突き、「ついで買い」を誘って売り上げを伸ばしているのです。

こうした「テンション・リダクション効果」が、最もよく起きるのは、次のようなケースです。それは、それぞれの商品に関連性があり、追加商品の値段が、最初の商品よりも大幅に安いときです。そんなとき、人は「ついで買い」しやすくなります。

むろん、「ポテトもいかがですか?」という例のセリフも、買い物をひとつした後のあなたの心理的なスキを突こうとするものといえます。

15 恐怖を与えて、人を誘導する「フィア・アピール」にご用心

フィア・アピール

「フィア(fear)」とは恐怖のこと。**フィア・アピールは、消費者らの恐怖心に訴えかけて、誘導する**手法です。死亡保険やガン保険、害虫駆除などの広告で、多用されています。

たとえば、死亡保険の広告では、「万が一、あなたが交通事故にあったら、家族はどうなるでしょう?」、害虫駆除の広告では、「シロアリが、あなたの家をボロボロにしているかもしれません!」などと、恐怖心に訴え、その恐怖を取り除く方法を売り込むのです。

美容関係の広告でも、「紫外線によって、あなたの肌はどんどん衰えているかもしれません」といったフィア・アピールは多用されています。

消費者の恐怖心に訴える文言を多用し、その広告が示す提案を無視すると、状態はますます悪化すると訴えかけるわけです。

こうした手法は、**「畏怖暗示法」**とも呼ばれます。**相手を不安な気持ちにさせて決断をうながす**という、説得法としてよく知られた方法で、他の仕事や人間関係にも応用することができます。

たとえば、やる気のない営業スタッフに対して、上司が「配置転換」をちらつかせて、やる気を引き出すような手法です。上司と部下の関係で、そのような手法を使うのは、けっして望ましいことではありませんが、あなたが使わなくても、相手が使ってくるかもしれません。頭の隅には置いていてもいいでしょう。

column 1

教養としておさえたい「行動経済学」のキーワード

＊行動経済学の分野からは、これまでに述べたこと以外にも、さまざまな知見が報告されています。ここでは、その代表的なものをまとめて紹介しておきましょう。

☑バックファイア効果

これは、心理的リアクタンスの「議論版」のような効果。たとえば、ある意見を持つ人が、その意見を否定するような情報、証拠を突きつけられると、さらにその意見に固執する心理傾向を指します。

「つまり、論理的に追い詰められると、もともとの意見や信念を変えるのではなく、さらに意見や信念を強めてしまう傾向といえます。

そのため、合理的な反論はしばしば逆効果を生みます。たとえば、「陰謀論」を信じている相手に対して、その言説がいかに間違っているかを論理的に説明しても、相手はますますその「陰謀論」に固執するようになるのです。

☑ＩＫＥＡ効果

このＩＫＥＡは、家具量販店のイケアのこと。イケアの商品（家具）の多くは、自分で組み立てる必要がありますが、苦労して自分で組み立てると、その商品により愛着が深まるという心理効果を指します。

たとえば、自分で打ったうどんやそばを特別においしく感じるのも、この効果が働いているからといえます。

☑希少性バイアス

手に入りにくいものほど、価値の高いものに思える心理現象です。「希少性」といっても、ダイヤモンドや金のような絶対的に希少価値の高いものである必要はありません。

ありふれた商品でも、「期間限定」、「地域限定」、「最後の一点」などといわれると、その「手に入りにくさ」が希少性を生み、高い価値がある商品のように思えてくるのです。

☑正常性バイアス

人は、めったに起きない出来事に対して、鈍感になる傾向があります。たとえば、自然災害や大事故・事件が起きていても、人は根拠もなく、「大したことはないだろう」、「私は大丈夫」のように思い込み、都合の悪い情報を無視しがちになります。そうした傾向を「正常性バイアス」と呼びます。

たとえば、大災害の際、このバイアスが働いて、逃げ遅れる人がいます。避難勧告が出ても、「大したことにはならないだろう」とかるく考えているうちに、逃げられなくなってしまうのです。

選択肢過多効果

「商品の種類が多すぎると、かえって売れなくなる」という効果です。この効果は、次のような「ジャム実験」によっても確かめられています。

同実験では、2つの試食コーナーが設けられ、ひとつのコーナーには6種類のジャム、もうひとつのコーナーには24種類のジャムが用意されました。すると、立ち止まったお客は、24種類のほうが多かったのにもかかわらず、実際に商品を購入した人は、6種類のほうが約30％もいたのに対して、24種類のほうは2・8％にとどまったのです。

選択肢があまりに多いと売れなくなるのは、その中からひとつの商品に決定する際に、時間と労力がかかりすぎるため、それがストレスになって、購買意欲が衰えるからとみられています。

フォールス・コンセンサス効果

日本語にすると「偽の合意効果」。自

分を「多数派と思い込む」心理傾向のことです。多くの人が、自分と同じような意見を持っていると思ったり、行動をするはずと考える傾向です。

たとえば、企画を立てる仕事の場合は、「私がこう思うのだから、世の中の人もこんな企画を求めているに違いない」と考えがちで、独りよがりの企画を「多くの人が求めている」と誤断して、〝大コケ〟することになりがちです。

ダニング＝クルーガー効果

自分の能力を「過大評価」する認知の偏りです。おおむね、自分のことを「平均以上」と思い込む認識の誤りです。

たとえば、自動車の運転をめぐって、アンケートをとると、「自分は運転がうまい」と思っている人が大半を占めます。なお、ダニングとクルーガーは、ともにコーネル大学の心理学者の名前です。

アンダーマイニング効果

これは、それまで自発的にしていたのに、「報酬」を与えられるようになると、かえってモチベーションが下がってしまうという現象。

たとえば、無償でボランティア活動をしていたときには、何の不満も抱いていなかった人が、報酬がすこし出はじめると、その低さに不満を抱くような現象を指します。

ウェブレン効果

「顕示効果」ともいいます。たとえば、ブランド品を買うとき、顕示したい（見せびらかしたい）ということが、購入動機のひとつになります。すると、「価格が高いほど、周囲からすごいと思われる」ため、「価格が高いほど、いい商品」と感じるような現象が起きるのです。

全会一致の幻想

大勢で議論をすると、グループの結束を乱したくないという気持ちから、しだいに全会一致の状況が作られていく現象。そうして、和を乱したくないという気持ちから、合理的に考えるとおかしな結論が、全会一致で決まっていくことになるのです。

後知恵バイアス

物事が起きてから、「予測可能だった」と考えるバイアス。たとえば、リーマンショックが起きたとき、「いつかは、バブルが破裂するのは、わかっていたこと」と思うような心理を指します。「だから、言ったのに」という結果論的な批判には、おおむねこのバイアスが関係しています。

chapter 2

ややこしい人間関係をスッキリさせる

――「社会心理学」の使い方

Understand the state of mind of others in just 100 pages!

16

人間関係のなかで生じる心理的変化を見逃すな

社会心理学のキホン

「社会心理学」は、一言でいうと、**「2人以上の人間の心理学」**です。人が2人以上いると、1人でいるときには起きないさまざまな心理現象が生じます。協力したり、競争したり、攻撃し合ったりするなど、**多様な関係のなかで、いろいろな心理的変化が生じる**からです。

そうした複数の人々の間で生まれる心理現象を研究する学問が、社会心理学です。その意味で、社会心理学は、人間同士が相互理解をすすめるための知の集積といっていいでしょう。

その社会心理学は、一般には、1908年に生まれたとされます。この同じ年に、エドワード・A・ロス著の『社会心理学』と、ウィリアム・マクドゥーガル著の『社会心理学入門』という本が発行されたからです。それから1世紀余り、この章では、社会心理学の研究成果の知見を日常生活や仕事にどう生かせるか、そのノウハウを紹介していきます。

17 過大な要求を呑ませる人の裏にある「戦略性」とは？

譲歩の互恵性

まずは、社会心理学の発見をベースに、人に「要求を呑ませる」方法を紹介しましょう。

人には、**「他者からの要求をひとつ断ると、次は断りにくくなる」**という心理傾向があります。この傾向を利用すると、相手にいったん**「過大な要求」を断らせた後、「小さな要求」を承諾させる**という方法が成立します。

アメリカで、次のような心理実験が行われました。通行中の人に献血を依頼したのですが、その際、「献血をお願いできますか？」とシンプルに頼むと、応じてくれた人は全体の16・7％でした。

次に、通行中の人に対して、「今後、2年間にわたって、2か月に一度献血してください」と「過大な要求」をします。すると、全員が断りましたが、その後に

「では、今回一度だけ、献血をお願いできますか？」と頼むと、2人に1人の人がOKしたのです。

つまり、「2か月に一度献血する」という「過大な要求」を断った人は、次の「今回一度だけ、献血する」という「小さな要求」を断りにくくなってしまったのです。

この実験中、依頼者は、大きな要求を取り下げ、譲歩して、小さな要求に切り換えています。すると、どういうわけか、依頼される側も「こちらも譲歩しなければ」と思うのです。

こうした心理的なやりとりを社会心理学では**「譲歩の互恵性」**と呼びます。**片方が譲歩すれば、もう一方も譲歩し、交渉や妥協が成立しやすくなる**傾向です。

もちろん、こうした心理法則は、ビジネスにも活用できます。

たとえば、金銭面の交渉で、最初に、相手がとても呑めそうにない法外な要求をし、いったん断らせます。そして、二度目に妥当な線を少し超えるあたりの金額を要求するのです。すると、相手が意外にすんなりと応じてくる可能性が高くなるのです。

18 2つの説得を上手に使い分けよう

暗示的説得／明示的説得

次は、人を説得する術です。まず、次の場面で、あなた自身がどう反応するか、考えてみてください。

シチュエーションは、あなたが洋服を買おうと、アパレルショップに行き、気に入ったものを見つけて、買うか買わないか、迷っているところです。その場面で、店員が声をかけてきたとき、あなたは、どちらの言い方だと、購入を決めるでしょうか？

①　そちらの商品、流行のデザインです。サイズもぴったりだと思いますよ。

②　そちらの商品、流行のデザインです。サイズもぴったりだと思いますよ。お決めになってはいかがですか？

①と②の違いは、最後の「お決めになってはいかがですか？」というフレーズを付け加えるかどうかです。①は、デザインをほめ、サイズを確認し、そこで言葉を

止めています。一方、②は、そのうえで、「お決めになってはいかがですか？」と積極的にすすめるフレーズを加えているのです。

心理学では、①のような方法を**「暗示的説得」**と呼びます。**「結論」を口にせず、相手に判断をゆだねる形で、説得する**方法です。

一方、②は**「明示的説得」**と呼ばれる手法で、**すすめる理由を述べた後、「結論」まで伝える積極的な説得法**です。両者では、どちらが効果的なのでしょうか？

アメリカで、次のような心理実験が行われたことがあります。被験者の学生たちを2つのグループに分け、「金利を下げたほうがいい」と主張する文章を読ませる実験です。

文章は2種類用意され、ひとつの文章には「金利を下げることのメリット」が列挙され、もうひとつの文章には、同じ文章の最後に「だから、金利を下げるべきだ」という一文が付け加えられていました。

すると、後者の文章を読んだ学生グループのほうが、2倍以上も賛成率が高かったのです。つまり、「明示的説得」を使った文章に説得されたのです。

というわけで、人を説得するときは、メリットを説明しても、「結論」を明示しなければ、説得効果は高くなりません。相手に「結論」をゆだねるのではなく、**言葉でしっかり明示したほうが、説得できる確率は高まる**のです。

19 「交渉の成否」と「接待」には、どんな関係がある？

フィーリング・グッド効果

売り込みや交渉をうまく進めるためには、洋の東西を問わず、**「接待」が効果的**であることが、心理学的にも確かめられています。

アメリカのジャニスという心理学者は、次のような実験を行いました。まず、AとB2つの学生グループに、4つのテーマに関する文章を読ませます。その際、Aグループにはコーラとピーナッツを提供し、Bグループには何も出しませんでした。

そうして、文章を読んだ後、意見がどう変化したかを調べたのです。すると、どのテーマに関しても、コーラを飲み、ピーナッツを食べながら、文章を読んだ学生グループのほうが、何も出されなかったグループよりも、約20％もそれらの文章に説得された人が多くなりました。

その理由として、ジャニスは**「フィーリング・グッド効果」**をあげています。つまり、人は、**心地よい状態にあると、自分とは異なる意見に対して、不快感を覚えることなく、説得されやすくなる**というのです。

接待の席でも、この「フィーリング・グッド効果」が働くため、おいしい料理で食欲を満たしながら、話をすると、OKを得やすくなるのです。昼間、オフィスで話せば、「それは、いかがなものでしょう」と応じられそうな話でも、「ま、いいでしょう」くらいの回答を引き出せるのです。

そこに、「時間と経費のムダ」、「時代遅れ」、「昭和の遺物」といわれながらも、接待がなくならないことの理由がありそうです。

20 相手にイエスと言わせるタイミングの法則

暗示

人を説得するには、何時頃がいいのでしょう?――それは「夕方」です。**夕暮れ**

時になると、人は暗示にかかりやすくなるからです。

人の心や気持ちは、いつも一定の状態にあるわけではありません。気分のいい時間帯もあれば、気分ののらない時間帯もあります。なかでも、黄昏《たそがれ》時は、人が最も不調な状態に陥りやすい時間帯です。夕方、人は、朝からの疲労がたまり、思考能力が落ちた状態になっています。そんな状態のとき、人から説明を受けると、深く考えられないため、相手の話を鵜呑みにしやすくなるのです。

そうした心身のリズムをうまく利用したのが、アドルフ・ヒトラーでした。彼は、数万人単位の集会を開くとき、いつも黄昏時を選びました。その集会には、大勢の親衛隊が参加し、演説の節目で「ハイル・ヒトラー」と叫びます。すると、一般の群衆は、夕方、思考力が落ちているなか、熱気にあおられて、雰囲気に酔ってしまうのです。そして、「ヒトラーのいうことは正しい」と、独裁者の言葉に説得されたのです。

というわけで、人を説得するときは、**相手を暗示にかけやすい夕方を選ぶのが得策**です。ただ、その時間帯は、あなた自身も、相手の暗示にかかりやすくなっていることをお忘れなく。

21 “よく当たる占い師”の言葉の裏にあるもの

バーナム効果

まずは、人の性格について記した次の文章を読んでください。あなたの性格をいい当ててはいないでしょうか？

「あなたは、ふだんは社交的に振る舞っていますが、じつは臆病でシャイなところがあります。根は真面目で、人と協調できますが、ときには思いがけない行動に出る一面も持っています」

おそらく、この文章を読んだ人の多くは、「けっこう、当たっている」と感じたと思います。それもそのはずで、この文章は、心理法則を利用して、誰もが「当たっている」と感じるように書いたものだからです。そのポイントは「曖昧に記述する」ことです。

人には、曖昧な記述を「(自分に)当たっている」と感じる傾向があります。心理学では、そうした傾向を**「バーナム効果」**と呼びます。その名は、アメリカのポール・ミールという心理学者が、興行師のＰ・Ｔ・バーナムの名から命名したものです。

人には、**自分に関して、漠然としたことをいわれると、それを当たっていると思うとともに、いい当てた人を洞察力に優れた人と思い込む**傾向があります。

たとえば、「君は感性が優れている」というフレーズは、具体的に何がどう優れているのか、よくわかりません。ところが、そういわれると、その言葉が漠然としている分、「当たっている」と感じやすく、相手のことを「それを見抜くとは、すごい人だ」と思うようになるのです。

こうした「バーナム効果」を活用しているのが、各種の占いです。たとえば、雑誌などの占いコーナーには、「デリケート」「マイペース」「たまに不安になる」「仕事の悩みを抱えている」といった誰にでも当てはまるような言葉が並んでいるものです。すると、それを読んだ人は、自分のことをいい当てられたような気持ちになるのです。

たとえば、「先月、リストラされそうになり、悩んでいる」のように具体的に書くと、大半の人に当てはまらなくなりますが、「仕事の悩みを抱えている」と曖昧に表現すれば、働く人の大半に当てはまるのです。

また、占い師に対面で質問しても、漠然とした答えが返ってくるものです。たとえば、「人にいえない悩みを抱えていますね」という答えは、ほぼ100％「的中」するでしょう。そもそも、悩みがあるから、占い師を訪ねてきているのですから。

むろん、このバーナム効果は、実生活にも応用可能です。たとえば、相手の人柄に関して話すときは、もっともらしく曖昧に語っておけばいいのです。

「あなたはやさしいから」、「根が真面目なのよね」のように、漠然としたことをいっておけば、相手は勝手に解釈して、「自分のことをよく見てくれている人」と思ってくれるのです。

22 説得するには、権威者の「威光」を上手に使う

ハロー効果

人を説得するときには、**「ハロー効果（威光効果）」**が大きな効力を発揮します。

これは、**権威者の「威光」を利用する効果**です。たとえば、商品をプレゼンテーシ

ヨンするとき、「NASAの研究によると」のように権威の名を持ち出すと、相手を説得しやすくなるのです。次章で紹介する「心理的安全性」にしても、Googleという21世紀の権威が評価したことから、世界的な注目を集めるようになったのです。

このハロー効果に関しては、心理学者のアロンソンが行った有名な心理実験があります。学生たち（被験者）に素人が書いた詩を読んでもらい、その後、学生を2つのグループに分け、その詩に関する評論を読んでもらいます。その際、ひとつのグループには、その評論をイギリスの著名な詩人T・S・エリオットが書いたものと伝え、もう一方のグループには、学生が書いたものと伝えます。なお、前者のエリオットが書いたという話はデタラメです。

そして、評論の内容も2種類用意し、ひとつはその詩を高く評価したもの、もうひとつはその詩をけなしたものにしておきます。それらを学生に読ませたうえで、もともとの詩への感想を聞いたのです。

すると、エリオットがその詩を高く評価したことにした評論を読んだ学生グループが、その詩を高く評価する者が最も多くなりました。エリオットという権威の言葉に影響されたのです。

こうした人間心理を利用すれば、相手を説得できる確率は高まります。とりわけ、**相手が尊敬する人（権威）の名を持ち出せば、説得できる確率はさらに高まります。**

23 「小さな恩」が、やがて「大きな見返り」となるケース

返報性

待ち合わせの場所に着いたとき、相手がすでに待っていると、約束の時間に遅れていなくても、なぜだか「申し訳ない」という気持ちになるものです。そうした心理を利用するため、営業のプロには、約束の時間より20分も前に行く人がいます。とにかく、相手より先に着いておくことで、相手に心理的な負い目を負わせ、セールスを有利にすすめようとするのです。
そうした**「負い目」を負わせると、相手に要求を呑ませやすくなる**ことは、心理学者のリーガンによる次の実験でも確かめられています。

まず、2人ずつのペアに絵画を見ながら歩いてもらうのですが、そのうち1人はサクラで、もう1人が被験者です。

サクラの行動には2つのパターンがあって、ひとつは休憩時間中、コーラを自分の分だけでなく、被験者の分も買ってくるというもの。もうひとつは、何も買ってこないというパターンです。

そうして、絵画を見終わったあと、サクラは、被験者に「くじ引き付きのチケットを何枚でもいいから、買ってくれませんか」と頼みます。

すると、コーラを買ってもらった被験者は、そうでなかった被験者の2倍の枚数のチケットを買ったのです。「コーラをおごってもらった」という負い目が、より多くのチケットを買うという行動につながったのです。

こうした気持ちの動きを心理学では**「返報性」**と呼びます。人は、他の人から受けた恩や借りをなるべく返したいと思うのです。

この「返報性」を利用するには、これはと思う相手に対しては、ふだんから「小さな恩」を売っておくといいでしょう。やがて「大きな見返り」となって返ってくるはずです。

24 「ほめる」と「けなす」がやる気に与える心理効果

ピグマリオン効果

ここからは、「ほめ言葉」や「悪口」が、人の気持ちや行動にどんな影響をおよぼすかを見ていきます。

まず、ほめ言葉をめぐっては、アメリカ・サンフランシスコの小学校を舞台にして行われた、大がかりな実験を紹介しましょう。研究者たちは、その小学校でまず、「学習能力予測テスト」と称するテストを行いました。そして研究者は、担任の教師らに、このテストによって「知的能力が伸びる児童を予測できる」と説明し、試験後はその答案を持ち帰り、「結果は後日、報告する」と伝えました。なお、その「テスト」は心理実験用に用意したもので、知的能力の伸びが予測できるというのは、デタラメの話でした。

そして4か月後、小学校ではクラス替えがあり、担任の教師がかわりました。研究者はその時期に再訪し、児童の名をあげて、「この児童たちは、予測テストの結果がよく、知的能力が伸びると予想されます」と教師に告げました。その一方で、児童名を公表することは教育上問題があるので、秘密にするように頼みました。

そのため、新しい担任教師は、知的能力が伸びると予想された児童に対して、特別な働きかけはしなかったのですが、内心、その子供たちに期待を抱くようにはなりました。

さらに、その8か月後、研究者は小学校をまた訪れて、同じ児童たちを対象にして、再びテストを行いました。

すると、「知的能力が伸びる」とされた児童は、無作為に選ばれていたにもかかわらず、テストの結果が上がっていました。担任教師たちは、それらの児童に対して、特別の働きかけは行っていません。しかし、教師が内心、「この子は伸びる」と思っているだけで、成績はアップしたのです。

心理学では、こうした効果を**「ピグマリオン効果」**と呼びます。教師が、口には出さなくても**期待をかけると、それがしぜん態度や表情に表れます**。すると、その期待感が伝わって、子どもたちもその期待に応えようと、やる気を出し、努力するようになるのです。

こうした効果は、むろん大人社会でも生じます。**相手の可能性を信じて接すれば、相手の能力を伸ばせる可能性が高くなる**のです。

25 わかっていても〝陰ぼめ〟を喜ぶ人間心理の謎

ウィンザー効果

人をほめるときには、いわゆる **「陰ぼめ」** が効果的です。「陰ぼめ」とは、第三者に対して「Aさんは立派だ」、「Aさんはすばらしい人だ」のようにほめること。おおむね、そういっておくと、めぐりめぐってAさんに伝わり、間接的にほめることになります。

心理学の研究で、そうした **「陰ぼめ」は、直接ほめるよりも、「ほめ効果」が大きく、相手を喜ばせる**ことがわかっています。心理学では、そうした効果を **「ウィンザー効果」** と呼びます。

「陰ぼめ」のほうが、直接ほめたときよりも効果が高くなるのは、**真意を疑われないから**です。面と向かってほめると、相手は「どうせ、お世辞だろう」「社交辞令だろう」と疑いの気持ちを抱きますが、第三者を通して耳にしたほめ言葉は、相手の本心からの言葉と受け止めやすくなるのです。

なお、「ウィンザー効果」の「ウィンザー」は、アーリーン・ロマノネスという作家の自伝的なノンフィクション『伯爵夫人はスパイ』の登場人物・ウインザー公爵夫人の名にちなんだものです。同作中に、ウインザー公爵夫人の「第三者のほめ言葉は、どんなときでも一番効き目がある」というセリフがあることから、こう呼ばれるようになりました。

26 お世辞が効くタイプ、効かないタイプの決定的違い

パワー欲求

世の中には、お世辞を喜ぶ人もいれば、お世辞を嫌う人もいます。では、お世辞が効果的なのは、どのようなタイプの人に対してでしょう？

心理学者のフォーダーとファローは、お世辞の効果に関する心理実験を行いました。まず、被験者に、3人の人の作業を監督し、その仕事ぶりを評価する役目を与

えます。そのうえで、3人のうちの1人（サクラ）が、被験者に対して「あなたの指導はすばらしい」、「作業がスムーズに進むのは、あなたのアドバイスのおかげです」とお世辞を並べます。そして、そうしたお世辞が、被験者の下す評価に、どのような影響をおよぼすかを調べたのです。

すると、**お世辞の効果は、被験者の「パワー欲求」に比例する**ことがわかりました。「パワー欲求」は、支配力や権力を求める欲求のことです。そうした欲求が強い人ほど、お世辞をいう人を高く評価する傾向があったのです。逆に、パワー欲求が低い人には、お世辞をいう人を嫌う傾向がありました。

というわけで、「うちの課長、出世欲が強いな」と感じるような、パワー欲求の強いタイプの上司ほど、お世辞が効果的というわけです。

27 人の〝戦闘力〟をパワーダウンさせる禁断の技法

ゴーレム効果

心理学に**「ゴーレム効果」**という言葉があります。「ゴーレム」とは、ユダヤの伝説上の泥人形のことです。

この効果は、人をほめて伸ばす「ピグマリオン効果」とは反対に、**人に対して悪い印象をもって接すると、それが相手に悪影響を与え、本当に悪い者になっていく**という効果を指します。

たとえば、相手のことを「無能」と思い、その印象をもとに接していると、相手が本当に無能になっていくような効果です。そのため、部下や後輩に対し、「君は本当にダメだな」などとネガティブに決めつけると、相手は本当に「ダメ社員」になっていくのです。

また、相手への悪口でなくても、「否定形の言葉」は、一種のゴーレム効果を招きます。たとえば、「ミスをするな」と否定形で命令すると、逆にミスが増えることがあるのです。そのため、チームのメンバーに**注意などを呼びかけるときは、否定形の言葉を避け、ポジティブな言い方に言い換える**のが賢明です。たとえば、「ミスをするな」ではなく、「積極的に行こう」に言い換えるという具合です。

スポーツの指導でも、たとえばサッカーの場合、「シュートを外すな」という否定形ではなく、「枠内を狙っていこう」と肯定形のポジティブなフレーズに言い換えたほうが、指導効果が高まることが確認されています。

だから、相手の能力を落とすのは、比較的簡単です。**相手を「できない人」と決めつけて対応し、否定形で指示を出していれば、やがて相手は本当に「できない人」になっていく**のです。

28 情報を出す順番は、相手の〝食いつき〟で変わる

クライマックス効果

この項からは、「情報の与え方」によって、相手の判断を誘導するワザについて、お話ししていきます。

まずは、**情報を繰り出す「タイミング」**です。いうまでもなく、情報は、繰り出すタイミングによって、その効果が変わってきます。心理学では、その効果を**「クライマックス効果」**と**「アンチクライマックス効果」**の2つに分けて考えます。

前者のクライマックス効果は、**重要な情報を最後に持ってくることによる効果**です。一方、後者のアンチクライマックス効果は、**重要な情報を最初に持ってくるこ**

とによる効果です。

たとえば、ある腕のいいセールススタッフは、お客と話す際、2種類のデータを用意します。ひとつは説得効果が高いデータ、もうひとつは説得効果の低いデータです。相手によって、その2種類のデータの順番を変えて使うのです。

まず、商品に対して、相手の関心が低いときには、最初に説得効果の高いデータを示して、相手の興味をひきつけます。

一方、相手が、最初から、その商品にある程度の興味を抱いている場合は、説得効果の高いデータを温存します。相手は、すでに興味を持っているので、最初にインパクトを与える必要はありません。それよりも、説得効果の高いデータを最後の切り札として使い、「買う」という決断を迫ったほうが、セールス効果が高まるからです。

会議や交渉、あるいはふだんの会話でも、これらの効果を利用することができます。相手が関心を抱いているときには、クライマックス効果を狙って最強のネタを温存し、一方、相手があまり関心を持っていないときには、アンチクライマックス効果を狙って、話の冒頭に最も自信のある「ネタ」を持ってくればいいのです。

29

あえて余計な情報を与えて、相手の判断力を奪う方法

誤前提暗示

「誤前提暗示」は、**余計な情報や選択肢を与えることによって、相手の判断などを誘導する暗示法**です。この方法の効果については、心理学者の堀川直義氏がかつて次のような実験を行っています。

まず、ベテランの刑事たち（被験者）に、時計が写りこんでいる写真を見せ、しばらくしてから、時計が「何時をさしていましたか？」と尋ねると、さすがはベテランの刑事たち、正確な答えが返ってきました。

ところが、「3時でしたか、9時でしたか？」と誤った選択肢を足して尋ねると、「そういえば、9時だったな」という答えが多数返ってきました。本当の時刻は9時とは違っていたのですが、誤った選択肢を提示されると、ベテラン刑事でさえ、それに誘導されてしまったのです。

この**「誤前提暗示」**のテクニックをうまく使うと、相手の意見や判断をこちらの

思う方向に誘導できます。たとえば、カーセールスで、購入を迷っているお客に対して、「セダンとスポーツカータイプでは、どちらがいいですか？」と尋ねて、相手が答えれば、クルマを購入することは、すでに決定ずみということになります。それを前提にして、商談を進められるという具合です。

あるいは、内勤の部下に外回りを命じるとき、「外回りをしてくれるか」と聞くのではなく、「担当はA社がいいか、B社がいいか」と尋ねれば、「外回りに移る」ことは前提にすることができます。

なお、選択肢を2つ用意する場合は、どちらを先にあげるか、順番が重要になります。相手は、**先にあげる選択肢よりも、後に提示する選択肢を選ぶ確率が高い**からです。

30 マイナス情報への抵抗感を一瞬でやわらげるコツ

接種効果

マイナス情報は、小出しに伝えるのが賢明です。

すこしずつ出すことで、相手はしだいに気持ちの準備ができ、受け入れやすくなるからです。

心理学では、こうした効果を予防接種にたとえて、**「接種効果」**や**「接種理論」**と呼びます。

たとえば、商談の際、プラス情報ばかり伝えて話をすすめると、最後にマイナス情報を知らせたとき、相手は「そんな話は聞いてない」と拒否反応を示すことになりがちです。すると、相手は不信感を抱き、話全体がパーになる確率が高まります。

一方、あらかじめマイナス情報も併せて伝えておき、「このマイナス面は、こうやってカバーします」と対策も伝えておくと、相手も気持ちに「免疫」ができるので、マイナス情報にも冷静に反応するようになります。それがもとで、破談になることもなくなるというわけです。

個別の商品についても、あらかじめ「デメリット」を説明しておくと、お客は少々のことでは驚かなくなり、重大なクレームやリコールにはつながりにくくなります。

31 高評価を得る人だけが知っている「最初が肝心」の本当の意味

初頭効果

人は、**最初に与えられた情報、そして最初に受けた印象に大きく影響されます。**そうした効果を、心理学では**「初頭効果」**と呼びます。

この効果に関しては、かつてアッシュとケリーという心理学者が、次のような実験を行いました。学生（被験者）たちに、「今日から、新しい先生が来ます」と告げ、その先生に関する紹介文を配布したのです。半数の学生には、

「フランク氏は、マサチューセッツ工科大学の社会科学部の卒業生で、他の大学で三学期間、心理学を教えたが、この大学で講義をするのは初めて。彼は26歳で、既婚。彼を知る人は、どちらかというと、温かくて、勤勉で、批判力に優れ、決断力があるといっている」

と紹介した文を配付し、残りの半数の学生には、「温かくて、勤勉で」というところを「冷たくて、勤勉で」と変えた紹介文を配りました。

その後、その新任教師に対する学生たちの評価を調べると、「温かくて、勤勉で」という紹介文を読んだ学生たちは、おおむね高く評価していたのに対し、「冷たくて、勤勉で」という紹介文を読んだ学生たちの評価は厳しいものになりました。

この実験からわかることは、人の評価は第一印象に大きく左右されるということです。最初に受けた印象は、そう簡単には消えないのです。

第一印象が変わりにくい理由のひとつは、人には、「自分の感じた第一印象を正しいと思い込みたい気持ちがある」ことです。そのため、**無意識のうちに、自分の第一印象を補強する情報ばかりを集める**のです。そうして、「自分の第一印象は間違っていなかった」と確認し、安心を得るのです。心理学では、こうした心理メカニズムを**「仮説検証バイアス」**と呼びます。

32 誰もが、最後に受け取った情報に左右されている

新近効果

前項では、最初の情報が大きな意味をもつとお話ししましたが、その一方、人

は、最後に与えられた情報にも、大きな影響を受けます。その効果は**「新近効果」**や**「終末効果」**と呼ばれます。

前項の初頭効果とともに「新近効果」が働くのは、**最初と最後の情報が記憶によく残る**からです。それは、次のような実験で確かめられています。

被験者に対して、「これから、単語を並べますので覚えてください」と告げ、「ねこ、消しゴム、紅茶、ストーブ……」などと単語をあげていきます。

すると、前述の「初頭効果」によって、最初のほうがよく記憶されるとともに、最後のほうの単語も記憶率がよくなります。「新近効果」が働くからです。

また、「新近効果」をめぐって、アメリカでは次のような実験が行われました。実在の事件をもとに模擬裁判を行い、証言の順番で、陪審員の判断がどう変わるかを調べたのです。

証言は、弁護側、検事側6回ずつとし、最初は一方の側の証言を2つ、次に他方が2つ証言するという順番で、陪審員に情報を提供したところ、陪審員は最後の証言の側に有利な結論を下すケースが多くなりました。

次に、一方の側の証言を6つ続けてから、他方を6つ出すと、やはり後の証言の側に有利な判断が多くなったのです。

このように、人は、**最後に与えられた情報をよく記憶し、また影響を受けやすい**ものです。こうした効果は、ふだんの仕事にも応用できます。たとえば、会議で目立つには、最後に意見をいえばいいのです。すると、「新近効果」が働き、出席者の記憶に残りやすく、影響力も大きくなります。

日常会話のなかでも、たとえば感情的な言葉を口にしたあとは、最後にフォローしておくといいでしょう。人は、より後の言葉に影響を受けるので、一言でもフォローすれば、感情的な言葉で終えたときとは、相手の受ける印象がまったく違ってくるのです。

33 賛同者を増やすための〝空気〟のつくり方

同調

人は、とにかく、他の人に**「同調」**してしまう生き物です。そうした心理傾向については、次のような実験でも確認されています。

まず、学生に心理実験への参加を依頼するとき、ひとつのクラスには「参加します」と手をあげるサクラを仕込んでおき、もうひとつのクラスにはサクラを用意しませんでした。

すると、サクラを用意したクラスでは、用意しなかったクラスの2倍以上の参加者が現れたのです。サクラが手をあげると、相当数の学生がつられて、手をあげたというわけです。

そうした心理効果を利用すると、反対者を自分の意見に従わせることも可能になります。

たとえば、会議で、反対者が出そうなときは、他の人たちに根回しし、自分の意見に賛成してもらえるように頼んでおきます。そうして、多くの人が賛成すると、反対者は自分1人だけでは、反対意見を口にできなくなるのです。

商品セールスでも、似たような手を使えます。商品について説明するとき、サクラに「本当にそうね」「使いやすそうね」と、あいづちを打ってもらいます。そして、最後にサクラがその商品を買うと、他のお客もつられて買うようになるのです。

34 なぜ、小さなデマが大きく育ってしまうのか

流言流布の公式

近年、フェイクニュースが問題になっていますが、そうした流言の広まり方に関して、かつて心理学者のオールポートとポスマンが、ひとつの「公式」を作りました。

流言の流布＝重要度×曖昧さ

という公式です。流言は、その問題の**「重要度と曖昧さのかけ算」**で、広まり方が決まるというのです。

この公式に従うと、流言が最も大きく広まるのは、「重要度が高く、かつ真偽のほどが曖昧」というケースです。このパターンにいちばん当てはまるのは、地震などの自然災害が起きたときです。大災害が起きているのに、その全貌がわからない——そんな状況に置かれたとき、人々は不安になり、流言に耳を傾け、また自ら口にして、広めてしまうのです。

そうした流言には、伝わるにつれて「話が大きくなる」という法則があります。そのことは、心理学者のカール・メニンジャーが行った次のような実験で確かめられています。

「キング夫人に関する噂」をAからJまで10人の夫人が、電話で次々に伝えていくという実験です。

まず、AはBに「キング夫人は、今日はお出かけかしら。ご病気かしら」と伝えます。すると、BはCに「A夫人が、キング夫人は病気らしいと心配していたわ」と伝えました。

Cは、「キング夫人が病気らしいわ。重くならなければいいけど」とDに伝え、DはEに「キング夫人が重病ですって。早くお見舞いに行かなきゃ」と告げます。

そうして、話はどんどん大きくなり、9人目のIは、10人目のJに、「キング夫人が昨日お亡くなりになったんですって」と伝え、ついにキング夫人は死んだことになってしまったのです。

こうした噂のメカニズムを利用すれば、デマを流すとき、最初から大きな嘘をつく必要はありません。小さな噂を流せば、それが人々の関心あるテーマであるという条件を満たしている場合、デマはどんどん大きくなって伝わっていくのです。

35 好意を獲得する古典的にして効果的な方法

好意の返報性

この項からは、「好きにさせる」心理ワザを紹介していきます。まずは「好意の返報性」を利用するテクニックです。

人には、自分のことを好きな人を好きになる傾向があります。心理学では、そうした傾向を**「好意の返報性」**と呼びます。誰しも、「人から好かれたい」という気持ちを抱いています。そして、相手の好意を実感すると、自己愛が満たされます。そうした「報酬」をもたらしてくれた相手に対して、しぜん好意を抱くことになるのです。

逆に、こちらが相手を嫌えば、相手もこちらを嫌います。**プラス感情にはプラス感情が返ってくるように、マイナス感情にはマイナス感情が返ってきます**。悪意にも返報性があり、「気に食わない」のは、お互いさまのことなのです。

そのため、人に好かれたいと思えば、まずは、こちらから相手を好きになることです。少なくとも、そのように振る舞うことです。

そのためには、相手の言葉を覚えておくと、けっこう効果的です。「以前、こうおっしゃっていましたよね」というと、相手は「よく覚えてくれているな」と、好感を抱いてくれるのです。

また、相手の趣味や好きな食べ物などの〝個人情報〟を記憶しておくのも、効果的です。そして、会ったとき、話題にすれば、相手に対する関心をしぜんに表せます。むろん、こうした方法は、異性の気をひくときにも効果的です。

では、なぜ、人の心には、好意に関する返報性が備わっているのでしょうか？その根源的な理由は、人が社会的動物であり、1人では生きてはいけないからでしょう。とりわけ、太古の時代、人の暮らす環境には危険が溢れていました。そんな環境のなか、他の人から嫌われ、群れから排除されることは「死」を意味しました。人に好かれるかどうかは、生命維持に関わる大問題だったのです。そうして、人は**本能に近い形で、他者からの好感を求める**ようになったのです。

36 いつ、どう「自己開示」すると、相手にささるのか

自己開示

人が親しくなっていくときは、互いに**「自己開示」**し合うものです。一方が「自分の出身地」について話せば、もう一方も同様の情報を開示するという具合です。そうして、自分のことを話し、相手のことを聞くという「自己開示」の積み重ねによって、親密度は増していきます。

とはいえ、自己開示の進め方は、けっこう難しいものです。親しくなりたいからといって、いきなり自分のことをペラペラ話すと、かえって警戒されるかもしれません。相手からの好感を得るには、**うまく段階を踏んで、自己開示を少しずつ進める必要がある**のです。

ただ、自己開示を一気に進める方法として、**「相談を持ちかける」**というワザがあります。たとえば、恋愛相談を持ちかけると、ふだんは人に話さないプライベート情報について話すことになり、「自己開示」が一気に進行します。すると、それ

が親密度を高め、恋愛感情に発展することもあります。実際、恋愛相談の相手が、いつしか恋人になるというのは、よくある話です。

人は、基本的に自己開示してくれた人に対して、好意を抱きます。たとえば、恋愛相談で、プライベート情報を開示されると、聞くほうは「自分は今、相手の本当の気持ちを聞いている」、「本当の姿を見ている」と思います。すると、相手に対して、今まで以上の親近感を抱くようになるのです。

むろん、これは異性間だけの話ではありません。同性の個人どうしの間でも有効ですし、不特定多数の相手に対しても有効です。たとえば、選挙では、候補者のプライベート情報の開示は、有権者に親しみを感じてもらうための常套手段です。かつて、アメリカでは、次のような心理実験が行われたこともあります。

その実験は、選挙を模したもので、ラジオ番組で3人の「候補者」を紹介する際、以下のようにそれぞれポイントを変えました。

・1人目は、学歴や政治家としての資質をメインに紹介。
・2人目は、政治家としてのキャリアを中心に紹介。
・3人目は、子煩悩な人柄など、プライベート情報を中心に紹介。

すると、模擬投票で圧倒的な票数を集めたのは、3人目の候補者でした。有権者は、候補者の政治家としての資質や実績よりも、プライバシーを開示した候補者への親近感を優先したのです。それくらい、**人の好感を勝ち取るためには、自己開示は有効な手段**なのです。

37

「自分と似た人を好きになる」のには、理由がある

類似性の親密効果

人には、**「自分に似ている人を好きになる」**傾向があります。その傾向は、アメリカの心理学者ニューカムによる次の調査で確かめられています。

彼はまず、同じ学生寮に住む大学の新入生から17人を選び、それぞれの学生の考え方やライフスタイルなどを調べました。

その6か月後、ニューカムがそれぞれの学生が誰と親密にしているかを調べると、どの学生も、自分と同じような考え方を持つ者、同じ趣味を持つ者、将来の目標が同じ者と親しく交際していることがわかりました。つまり、どの学生も、「自

分と似ている人」を友人に選んでいたのです。

では、なぜ、人は自分に似た人を好きになるのでしょうか？　有力な説は**「自分に似ている者は、自分を肯定してくれる存在だから」**というものです。人は誰しも「自分は、正しく、まともな人間」と思っています。自分に似ている人がいるということは、それを裏付ける証拠になります。そのため、人は自分に似た人に好意を抱くというのです。

逆にいえば、相手に好感をもたれようと思えば、自分と相手の類似点を探し、その点を強調するといいでしょう。たとえば、年齢や郷里が同じなら、それを話題にするだけで、心理的距離を縮めることができます。

38 「初対面のような気がしませんね」のひと言が生む心理効果

熟知性の法則

人には、**「知るほどに、好意を抱く」**傾向があります。そのため、相手と会う回数が増えるほど、親しみを抱くようになります。心理学では、そうした心の動きを

「熟知性の法則」や**「親近性の法則」**と呼びます。

たとえば、職場結婚は、おおむね熟知性の法則の結果といえます。職場で毎日顔を合わせるうち、互いを熟知し、それが恋愛感情を育み、結婚へと発展していくのです。

逆に、遠距離恋愛がなかなかうまくいかないのは、「熟知性が失われる」からといっていいでしょう。遠く離れて暮らすうち、互いに知らない出来事や情報が増え、それが熟知性を損なって、親密だった感情がしだいに薄れていくのです。

熟知性を高めるには、頻繁に顔を合わせるのがいちばんですが、面会の回数以外にも熟知性を高める方法はあります。たとえば、まだ知らない相手に対しても、相手のことをよく知っているかのように振る舞ってみせるのです。

それは、初対面の相手に対しても可能です。たとえば、**「あなたとは初対面の気がしませんね」「昔からの知人のように思えます」**といったセリフを繰り出せば、熟知し合っているような雰囲気を醸し出せます。すると、**旧知の間柄のような錯覚が生まれ、互いに好意を抱きやすくなる**のです。

39 人と打ち解ける「姿勢」があった

オープン・ポジション

人間関係を築くうえでは、「腕」が大きな意味をもちます。この「腕」は、「技量」や「力量」という比喩的な意味ではなく、ストレートに二本の「腕」を意味します。「腕」をどのような位置に置くかで、相手との人間関係、とりわけ説得できるかどうかが左右されるからです。

心理学者のマッキンリーらの研究によると、人を説得するときの姿勢には、**「オープン・ポジション」**と**「クローズド・ポジション」**の2種類があり、両者は説得力において大きな差があるといいます。

まず、**オープン・ポジションは、腕を下げて、相手に手のひらを見せるポーズ**です。この姿勢をとると、相手に対し、心を開いているように見えるのです。それに応じて、相手は、こちらに親近感を覚え、当方の話にも興味を抱きやすくなります。

一方、**クローズド・ポジションは、腕を組む姿勢**です。そのポーズは、自分の体をガードする姿勢であり、相手を拒絶するポーズともいえます。こちらが、この姿勢をとると、相手は無意識のうちにも拒絶されているように感じるのです。

そのため、腕組みをして、人に接すると、それだけで相手から警戒され、嫌われる原因になりえます。話は弾まなくなり、説得しようとしても、相手を納得させるのは難しいでしょう。そればかりか、相手から「えらそうな態度で、お説教された」と思われかねません。

というわけで、人に接したり、説得したりするときには、「腕」の置きどころに十分注意したいものです。

40 「ミラーリング」を利用して、相手の心をくすぐる

ミラーリング

人は、**自分の「真似」をする人に対して、好意を抱く傾向**があります。その心理効果は、相手が「自分の真似をしている」と気づいていない場合にも生じます。そ

れに関して、次のような実験が行われました。

まず、初対面の2人（1人はサクラ）に、しばらく話をしてもらいます。その際、サクラの行動には2つのパターンがあって、ひとつは「相手の動きを真似しながら話す」、もうひとつは「真似はせず、ふつうに話す」というものです。

そして会話後、被験者に、サクラの印象を聞くと、前者の場合は、自分が真似されていたと気づいていなかったにもかかわらず、後者への印象よりも、格段に好意的なものでした。

また、前者では被験者の多くは、自分が相手に抱いた好感以上に、相手が自分に対して強い好感を抱いていると感じていました。つまり、被験者は、相手に好印象を抱くとともに、相手からそれ以上の好印象をもたれたと感じていたのです。

前に述べたように、人には「自分に似た人に対して好意を抱きやすい」傾向があります。そのため、自分と似た動きをする人に対しても、親しみを感じやすくなるのです。

というわけで、**相手に気に入られたいときは、その話し方やしぐさを真似てみる**といいでしょう。相手の声が高めのときは、こちらも高めの声で話し、相手がゆっくり話すときは、こちらもゆっくり話します。相手がドリンクを飲めば、こちらも同じタイミングで口に運ぶという具合です。

すると、相手は、自分が真似されていることに気づかなくても、自分と「類似性」の高い当方に対して好意を抱いてくれるはずです。

41 人のやる気を引き出すには、2つの動機を意識する

エンハンシング効果

ここからは、やる気やモチベーションをコントロールする心理法則について、お話ししていきます。

まずは、**「エンハンシング効果」**です。エンハンス（enhance）とは「高める」や「向上させる」という意味で、この効果は、「ある程度やる気になっている人のモチベーションをさらに向上させる」効果を指します。

まず、人の動機には、大きく分けて**「内発的動機」**と**「外発的動機」**の2種類があります。前者は、自発的に「やりたい」と思う動機のこと。後者は、外部からの

報酬などによって、外から与えられる動機を指します。

「エンハンシング効果」は、ある程度の内発的動機をもつ人に対して、外部から報酬を与えると、さらにやる気が高まるという効果です。

その外部からの報酬には、金銭的な報酬のほか、「地位や肩書を与える」ことや「ほめ言葉をかける（言語的報酬を与える）」ことなどがあります。たとえば、内発的にやる気になっている人に対して、肩書を与えたり、ほめ言葉をかけたりすると、一段とやる気が高まるのです。

だから、部下や後輩、子どもなどを観察し、「やる気になっているな」と感じたときは、何らかの**「報酬」を提示する**といいでしょう。すると、**さらに高いレベルのやる気を引き出せる**というわけです。

42 能率が格段にアップする〝仮想ライバル〟の見つけ方

ダイナモジェネシス効果

陸上競技の好記録は、1人の選手が独走したレースよりも、2～3人の選手で競り合ったレースで出ることが多いものです。心理学では、そうした競争関係下で成績などが向上することを**「社会的促進」**と呼びます。簡単にいうと、ライバルがいると、思わぬ力や、やる気が出てくる現象です。

この現象を最初に社会心理学的に研究したのは、トリプレットというアメリカの心理学者でした。彼は、競輪選手が1人でタイムに挑戦するときよりも、誰かと対戦したときに、好タイムを出すことに注目したのです。そこで、子どもに釣竿の糸を巻きとらせる実験を行ったところ、1人で巻きとるよりも、集団で競わせたほうが、速くなることがわかりました。

そうした知見から、彼は、**他の人の存在が刺激となってやる気が起き、作業効率が上がることを「ダイナモジェネシス効果」**と名づけました。

ダイナモ（dynamo）は発電機のことで、ジェネシス（genesis）は生成や発生という意味。合わせて、ダイナモジェネシスは「動力発生」というような意味になります。

この効果は、「ライバル」がいない場合にも利用できます。たとえば、自分の過去の記録や新たな数値目標を〝ライバル視〟するのです。現実のライバルがいなくても、**自ら設定した目標をライバルに見立てれば、やる気が出てくると**いうわけです。

43 ストレスを味方につける方法
ヤーキーズ・ドットソンの法則

アメリカのヤーキーズとドットソンという2人の心理学者は、「ストレスと学習効果の関係」について、次のような動物実験を行いました。

まず、電気ショック装置を備えた黒箱と、仕掛けのない白箱を用意。ハツカネズミが白箱に入ると巣に戻れますが、黒箱に入ると電気ショックを受けるという仕掛けを作りました。

そのうえで、照明にも違いをつけ、明るくて箱を選びやすい「実験A」と、暗くて選びにくい「実験B」を用意しました。そして、電気ショックをしだいに強くしながら、ストレスが高まるにつれ、学習効果がどう変化するかを調べたのです。

すると、正解を選びやすい実験Aでは、ストレスの程度が高くなるにつれて、学習効果が上がることがわかりました。逆に、難しい実験Bでは、ストレスの程度を上げると、ある時点を境に学習効果が下がりはじめたのです。

この実験結果からは、まず**ストレスが生き物の能力に関して、マイナス作用だけを及ぼすわけではないこと**が読み取れます。簡単な作業なら、ストレスがあったほうが、仕事ははかどるのです。しかし、それも程度問題で、難しい仕事をするとき、ストレスがかかると、効率が落ち込むのです。

こうしたストレスと学習効果の関係法則は、仕事や勉強の成果に対するペナルティの与え方などに応用されています。たとえば、不出来な仕事や怠慢な仕事ぶりに対して、ペナルティを与える際には、軽い罰のほうが効果的で、重いペナルティを与えると、かえってマイナス効果が生じることがわかっています。

column 2

何かと役に立つ「心理学」の用語と法則

集団極性化

大勢（集団）で議論し、決定すると、冒険的で危険な結論に至りやすい傾向。要するに、大勢の「会議」で決めると、極端な結論が出やすくなることで、そうした現象は「リスキー・シフト」とも呼ばれます。

「集団極性化」が起きる原因は、大勢だと責任が拡散し、個人的に責任を負う必要がなくなることから、極端な議論に歯止めがきかなくなるためとみられています。

社会的手抜き

大勢で作業をすると、仕事がはかどらなくなる傾向。1人で仕事をするときは、手抜きなどできませんが、集団になると、「自分1人くらい手を抜いても大丈夫だろう」という心理から、緊張感や責任感が薄まって、手抜きをしてしまう傾向です。

心理学者のラタネらの実験によると、

男子学生たちに手を叩かせ、できる限り大きな音を出すように求めたところ、人数が増えるほど、音は相対的に小さくなったと報告されています。

セルフ・ハンディキャッピング

何かをするとき、つい言い訳を口にする傾向。そんな言い訳を口にするのは、失敗したときに、評価が落ちるのを避けるため、あらかじめ言い訳し、責任を転嫁したくなるからです。

たとえば、身近な例では、宴会芸を披露するとき、「酔っぱらっていて、うまくできるかどうかわかりませんが」と言い訳するようなケースが、これにあたります。

メーラビアンの法則

心理学では、人が相手を評価するとき、「3V」を基準にしていると考えます。3Vとは「ヴィジュアル（Visual）」、「ヴォイス（Voice）」、「ヴァーバル（Verbal）」（言葉の内容）を指します。

そして、アメリカの心理学者メーラビアンによると、その割合は、ヴィジュアルが55％、ヴォイスが38％、ヴァーバルが7％だといいます。ヴィジュアルの55％とヴォイスの38％を足すと、9割以上になることが、いわゆる「人は見た目が9割」の根拠になっています。

釣り合い仮説

女性も男性も、パートナーを選ぶ際、身体的魅力が自分と同レベルの人を選ぶ傾向。「美女と野獣」型のカップルが意外に少ないことの理由とされます。

人が自分に似た人を選ぶ動機は、「自分よりも、魅力度の高い人を求めても、拒否される可能性が高いから」や「交際できたとしても、対等な関係にはなれないから」などと説明されています。

親和欲求

孤独を避け、人と一緒にいることを求める心理。一般に人は、不安を抱いたり、不確かな状況に置かれたりすると、親和欲求が高まる傾向があります。

一方、人といることを避ける心理を「親和回避欲求」と呼びます。怒りや悔しさ、不安などの感情を抱いているときは、この欲求が働き、「しばらく1人にしてほしい」となるわけです。

欲求の投影

自分の「欲求」を封じ込めている人は、その反動から、他の誰かがその欲求をもっていると疑う傾向。たとえば、自分が「浮気したい」という欲求を抱いている人ほど、配偶者や恋人の浮気を疑いやすくなるような傾向を指します。

いいアイデアは、いい環境から生まれる

――「心理的安全性」の使い方

chapter 3

Understand the state of mind of others in just 100 pages!

44 イノベーションが起きる組織の共通点とは？

心理的安全性①

近年、**「心理的安全性」**という言葉が注目を集めています。これが保たれている企業や組織は成長し、保たれていない企業や組織は衰えていくというのです。心理的安全性は、英語では「サイコロジカル・セーフティ」。簡単にいうと、会社などの組織、あるいは対人関係のなかで、「自分の考えや気持ちを、安心して発言できる状態」のことです。

たとえば、「心理的安全性が高い職場」といえば、誰もが、役職や年齢、性別に関係なく、周囲の反応を恐れたり、恥ずかしいと感じたりすることなく、意見や質問を口にできるオープンな職場を意味します。

この概念を最初に提唱したのは、アメリカ・ハーバード大学のエイミー・エドモンソン教授（組織行動学）でした。１９９９年のことで、彼女は「心理的安全性が高い状態」を次のように定義しました。

①　チームの他のメンバーが、自分の発言を拒否したり、罰したりしないと確信できる状態。

②　メンバー間で、このチーム内では、発言や指摘によって、人間関係の悪化を招かないという安心感が共有されている状態。

そうした心理的安全性の高い環境なら、みんなが意見や質問を率直に口にでき、それが業務改善策や新しいアイデア、ひいてはイノベーションにつながると提唱したのです。

この概念が大きな注目を浴びたのは、彼女の発表から17年後の２０１６年のことでした。ＩＴ企業のGoogleが、「生産性が高いチームは、心理的安全性が高い」という研究結果を報告し、世界的な注目を集めるようになったのです。

Googleでは、２０１２年から２０１５年にかけて、成功するチームの必要条件を探る調査を行いました。社内の多数のチームを調査対象とし、より生産性の高い働き方をしているのは、どのようなチームかを調べあげたのです。

約４年間かけたその調査によって、**「心理的安全性が生産性に直結する」**ことを確かめたのです。そして、心理的安全性が高いことには、次のようなメリットがあったと報告しました。

まずは、コミュニケーションが活発になることです。すると、情報やノウハウがメンバー間で共有化されるので、チーム全体のスキルがアップし、目標達成率も上がります。

また、仕事に安心して集中できるため、業務が効率化し、業績がアップします。

さらに、どのような意見を言ってもいいという安心感から、斬新なアイデア、創造的な発想が出やすくなり、イノベーションが起きやすくなります。加えて、ストレスが減って、メンバーのメンタルヘルスの状態がよくなるため、離職率が低くなり、優秀な人材の流出を防げる——というようなメリットがあったのです。

つまり、**「言いたいことが言える」風通しがいい状態が、アイデアを生み出し、スキルを向上させ、イノベーションの可能性を広げた**のです。

振り返ってみれば、これは、かつてのソニーやホンダのような企業風土といっていいでしょう。ソニーの創業者の井深大氏は、同社の前身の東京通信工業の設立趣意として、「自由闊達にして愉快なる理想工場の建設」を掲げました。また、かつてのホンダの企業風土は「ワイガヤ会議」という言葉に象徴されていました。平社員から社長（本田宗一郎氏）まで、役職や年齢に関係なく、平場《ひらば》でワイワイガヤガヤと話し合う――それがワイガヤ会議でした。

そうした風通しのいい＝心理的安全性の高い環境から、2つの町工場は、イノベーションを繰り返しながら、世界企業へと成長したのです。

45 いい人間関係は、「言葉」と「話し方」で決まる

心理的安全性②

では、どうすれば、心理的安全性の高い環境をつくることができるのでしょうか？　研究によると、次のようなことが重要とされています。

まずは、当然ながら、**「みんなが話しやすい雰囲気をつくる」**ことです。そのためには、メンバー同士、とりわけ上司が部下の話に対して、耳を傾ける姿勢が必要です。

次に、**「みんなが自由に発言できる環境を整える」**ことです。たとえば、朝礼で、役職が上の人ばかりが話すのではなく、メンバー全員が均等に発言できるような機

会を設けることが必要です。

また、**「ネガティブな言葉を控え、前向きの言葉を使う」ことが大切**とされます。それによって、チーム全体が前向きな気持ちで、仕事に取り組めるようになるのです。

というように、心理的安全性を高めるには、**円滑なコミュニケーションが必要**であり、**「話し方」や「言葉づかい」**がカギを握っています。そこで、この章では、心理的安全性を高めるための「話し方」を中心に話をすすめていきます。どう話せば心理的安全性を高めることができるのか、具体的なフレーズを紹介していきましょう。

46

さりげないひと言で、意見をいいやすい雰囲気をつくる

心理的安全性③

×誰か意見はありますか↓○　○○さんは、これについてどう思いますか?

心理的安全性を提唱したエドモンソンは、「心理的安全性が下がる理由」のひと

つとして、「邪魔をしていると思われる不安」をあげています。「自分が発言すると、相手の話の邪魔をしていると思われないか」という不安を抱いて、発言しなくなる心理傾向のことです。そうして「無口な人」が増えれば、新しいアイデアは出なくなり、イノベーションは遠ざかります。

そこで、リーダーや会議の進行役は、あまり発言しない人の言葉を引き出す必要があります。そのシンプルな方法は、「○○さんは、これについてどう思いますか？」や「他の方にも伺ってみましょう」と、話を振ることです。「経験豊富な○○さんから一言、伺いましょう」と、相手をおだてながら聞いてもいいでしょう。

そうすれば、議論はさらに活発になるでしょうし、多くの人の意見を聞いておけば、会議後、フラストレーションが残ることも少なくなるという効果があります。

×どうすればいいと思いますか？→○どう変えればいいと思いますか？

エドモンソンは、もうひとつ、心理的安全性を下げる理由として、「ネガティブだと思われる不安」もあげています。たとえば、改善案を提案したいものの、「他の人への批判になるのでは……」と尻込みし、黙りこんでしまうような不安です。

そうした不安を払拭するため、リーダーらは、チームメンバーが他者への批判になることを恐れず、改善案を口にしやすい雰囲気をつくる必要があります。そのためのシンプルなフレーズが「どう変えればいいと思いますか？」。「どうすればいいと思いますか？」と尋ねるよりも、メンバーは改善案を口にしやすくなります。

×反対ばかりされても→〇ぜひ、反対意見を聞かせてくれませんか

人前で反対意見を述べるには、「邪魔をしていると思われる不安」や「ネガティブだと思われる不安」を乗り越えなければなりません。そのためには、心理的安全性が相当確保されている必要があります。〇のように、あえて「反対意見を聞く」という姿勢を見せれば、安心して本音を述べる人が現れ、目からうろこが落ちるような意見が聞けるかもしれません。

×では言いだしっぺの〇〇さん、よろしくお願いします→〇どう役割分担しましょうか？

メンバーの誰かから提案があったとき、「では、発案者の〇〇さんが担当してください」のようにいうのは、最悪の対応です。仕事や責任をすべて押しつけられるのなら、誰も新しい提案など、しなくなってしまいます。

誰からの提案であっても、現実に業務化するときには、仕事をメンバーに割り振って、提案者に大きな負担がかからないようにすることが必要です。

47 この言い方なら、報告しやすい空気に変わる

心理的安全性④

×どうして、こんなことになったんだ→○すぐに報告してくれてありがとう

トラブル発生の報告を受けたとき、×のように声を荒らげると、相手はその後、報告をためらい、報告の遅れが原因で、トラブルが拡大するリスクが高まります。
○のように応じると、メンバーは安心して報告できるので、トラブルをすばやく処理できます。

×なぜ、報告しなかったんですか→○自分だけで解決しようと思わないでほしい

トラブル発生などに関して、連絡が遅いメンバーに対して、×のようにいって

も、意味のある答えは返ってこないでしょう。一方、〇のようにいえば、信頼関係が芽生え、心理的安全性を高めるきっかけになります。

×どうして、こんなミスをしたんだ

→〇こういうミスをなくすためには、どうすればいいだろう？

〇のように問いかければ、部下はどうすればミスを減らせるか、考えざるをえません。そうした話し合いを重ねることが、心理的安全性を高め、有益な結論を導くことにつながります。

×わかった。もういい→〇事情はわかりました。気にしなくていいですよ

相手が謝ってきたときは、心理的安全性を確保するための正念場です。頭ごなしに叱ったりすると、心理的安全性は一気に低下してしまいます。謝罪をうまく受け止め、不安を与えないようにしたいものです。謝罪と報告を受け、相手が本当に反省しているようなら、〇のように許すのが、心理的安全性を確保するうえでは得策です。

48 相談しやすい雰囲気を生むワン・フレーズとは?

心理的安全性⑤

×この前、説明したでしょう→〇わからないことがあれば、何度でも聞いてください

エドモンソンは、心理的安全性が低くなる原因として、「無知だと思われる不安」もあげています。質問や相談をしたくても、「こんなことも知らないのかと思われないか」という不安があると、できなくなってしまうのです。そこで、あらかじめ、〇のようにいっておくと、メンバーの心理的安全性を高め、結果的にスキルを高めることにもつながります。

×こんど、時間があるときに話を聞くので→〇いつでも話を聞くので

チーム内の心理的安全性を高めるには、質問・相談しやすい環境をつくることが大切です。〇は、リーダーや役職が上の人が、「いつでも相談に乗る」という姿勢を表す一言。「遠慮せずに相談してください」や「よかったら話してみてください」

も、同様に使えるフレーズです。

×今日は時間がないので↓○明日、ゆっくり聞かせてください

日によっては、ゆっくり相談に乗る時間がないこともあるでしょう。そんなときも「今日は時間がないので」と玄関払いするのではなく、○のように、時間を決めて「聞く」ことをはっきりと伝えておくと、相手を避けているという印象を与えません。

×前にも言っただろう↓○前の説明ではわかりにくかったかな

×のようにいうと、相手を無能者扱いすることになってしまいます。一方、○のようにいえば、自分の説明スキルを理由にしているので、相手を不安や不快にさせることはありません。

×何がいいたいのか、さっぱりわかりません↓○もう一度、言ってくれますか?

相手の質問の意味などがよくわからないときは、「もう一度聞きたい」といえばいいこと。相手も大人なら、説明の仕方を変えるでしょう。若手社員や不慣れな人には、「違う言い方をすると、どのようになりますか？」のようにいってもいいでしょう。

×経験不足でもいいので→○そばにいるので、何でも聞いてください

初めての仕事に対して「経験がないので」と尻込みする人に対して、×のようにいっても、安心感を与えることはできません。一方、○のようにサポートする姿勢を示すと、不安感を取り除くことができます。

49 心理的安全性を高めるには、いい質問に限る

心理的安全性⑥

×なんで終わってないの？→○止まっている理由は、なんですか？

内容は同じ質問でも、×のような言葉づかいをすると、相手をとがめているように聞こえてしまいます。一方、○のように問えば、相手を責めることにはなりません。

×大丈夫？→○つまずいているのは、どのあたりですか？

「大丈夫？」は、気づかいの言葉ではあっても、質問としては下手な聞き方といえます。こう聞くと、「ええ、大丈夫です」という答えしか返ってこないからです。問題点を本当に発見するつもりなら、○のように、具体的に質問することが必要です。

50 モノの言い方ひとつで、組織は活性化する

心理的安全性⑦

×とにかく、がんばりましょう→○やめたほうがいい仕事は、どれかな？

オーバーワークになっているのは明らかなのに、ただ、「がんばれ」といっても、能率や利益率はアップしません。それよりも、不必要な仕事を減らし、重要な仕事に集中してもらうほうが、心理的安全性も能率も高めます。

×この企画書、すごく読みにくいな
→○この企画書、行間を空ければ、読みやすくなりますよ

×のように、ただ駄目を出すだけでは、改善につながりにくいうえ、心理的安全性を下げる原因にもなってしまいます。○のように、改善点を具体的に指摘すると、すぐに改善につながるうえ、心理的安全性を下げることもありません。

×そんなこと、君にいわれなくてもわかっているよ
→○問題点を指摘してくれて、ありがとう

相手からの指摘に対して、×のように応じると、相手は以後、建設的な提案を口にしなくなるでしょう。指摘や注意を受けたときは、感情をおさえ、まずは「ありがとう」と応じることが心理的安全性を高めます。

×結果がすべてだよ→○どうすれば成果があがるか、一緒に考えてみましょう

「結果がすべてだよ」というような常套句を口にしても、相手に無用のプレッシャーをかけるだけ。心理的安全性を高めることにも、具体的な「結果」にもつながりません。○のように、ともに考える姿勢を見せてこそ、積極性を引き出すことができます。

×早く決めてください→○判断が難しいのは、どの点ですか？

相手が判断に迷って、なかなか結論を出せずにいるとき、×のようにいっても、焦らせるだけで、正しい判断を導けないでしょう。○のように具体的に質問すると、問題点がはっきりし、結論への道筋が見えてきやすくなります。

×うまくいきましたよ
→○おかげさまで、○○さんがいうとおりにしたら、うまくいきましたよ

相手の承認欲求を満たすような言葉づかいを身につけることが、チーム内の心理的安全性を高めることにつながります。たとえば、相手のアドバイスでうまくいったときには、○のようにいって、相手に敬意を払いたいもの。自分のアドバイスが役立ったといわれると、承認欲求が満たされ、心理的安全性が高まります。

51 「注意する」「叱る」フレーズこそ、慎重に選ぶのが肝心

心理的安全性⑧

×最近、成績が上がらないのは、どうしてなんだ
→〇最近ミスが目立つのは、疲れがたまっているからじゃないかと、心配しているんだ

人を「注意する」ときには、とくに言葉を選ぶことが必要です。「昭和」のやり方で、頭ごなしに叱ると、相手は畏縮するうえ、今やパワハラにも問われかねません。時代は、昭和から平成を経て、令和に移っています。いろいろと思うことがあっても、〇のように気遣いを示すのが、令和のコーチングのコツです。

×遅刻してくるなんて、論外だよ
→〇遅刻してくるから、事故にでも遭ったのではないかと心配したよ

これも、同様に、人に注意をするときに、まず相手を気遣うことからはじめる例。〇のようにいったうえで、遅刻の理由を聞いたりしたほうが、相手の反省を引

き出すことにつながるはず。

×なぜ、できないんだ！↓〇どうすれば、できるようになると思いますか？

×のように攻撃すると、相手を思考停止状態に陥らせてしまいます。〇のように「問いかけ」型のフレーズにすれば、心理的安全性を損なうことなく、問題点を探し、解決策を探るというポジティブな姿勢を表せます。

×「できません」なんて、聞きたくない
↓〇どのあたりが難しいのかな。そこから、解決していきましょう

×のように言葉を荒らげても、「できる」ようになる人はいないでしょう。〇のように、ともに考え、問題発見に努める姿勢を示したほうが、指導効果は上がるはず。

×何度も同じことを言わせるな
↓〇私の説明が下手だったようだね。もう一度、説明するね

相手が同じミスをしたからといって、×のようにいうと、心理的安全性を一瞬にして下げてしまいます。「どうやら、私の説明がまずかったようだね。もう一度、説明するから、よく聞いてね」のように、教え続けるのも、リーダーの給料のうちです。

×もう、ガッカリだね→○さて、どうしようか？

失敗やミスをした相手に対して、×のようにいうと、相手のモチベーションと心理的安全性を大きく下げてしまいます。○のような前向きなセリフで、心理的安全性を確保しながら、善後策を講じたいもの。

×まだ、できてないのか!?→○半分は終わったね

仕事が遅い相手に対して、×のようにいっても、畏縮させ、焦らせ、かえって能率を落とすことになりがちです。○のように、ポジティブにとらえたほうが、心理的安全性を確保しつつ、作業の能率を上げられるものです。「半分は終わったね。じゃあ、残りをがんばろう」のように使います。

52 やる気をそがないように否定するためのキーワード

心理的安全性⑨

×よけいなことを考えるな→○よく考えてくれていますね

相手が何かを提案してきたとき、×のように応じるのは、最悪のもの言い。相手は、考える気も提案する気も失ってしまうでしょう。提案を受け止めるときは、まずは「よく考えてくれていますね」と、相手の姿勢を評価することが重要になります。その後、駄目を出すときでも、まずはこう受け止めることが、心理的安全性を保つことにつながります。

×ちょっと違います→○半分正解です

相手に「なぜ、こうするか、知ってるかな?」などと質問し、相手が間違って答えたとします。そんなとき、「違う」という言葉を使って応じると、相手は残念な気持ちで「正解」を聞くことになります。それよりも、正解と重なる部分が少しでもあれば、○のように「半分正解です」と応じて、まずは相手の承認欲求を満たすといいでしょう。すると、相手はその後の「正解」を興味をもって聞くので、指導効果がアップします。

×使えませんね→○悪くはないのですが

人の仕事をあからさまに否定すると、相手はやる気を失ってしまいます。否定するときでも、○のように「否定形」を使わないのが、大人のもの言い。「考える余地があると思うのですが」や「気になる点があるのですが」も、同様の場面で使えるフレーズです。

×常識的にいって無理でしょう→○大胆な発想ですね。ただ〜

「常識」を理由に提案を否定すると、チーム内の風通しは一気に悪くなります。最終的には却下することになりそうな案でも、まずは肯定的に受け止め、その後、やんわり否定したほうが、心理的安全性を損ないません。「独創的ですね。ただ〜」や「気宇壮大な話ですね。ただ〜」も同様に使えるフレーズです。

×そんな予算、ありませんよ→○どうすれば、予算を調達できると思いますか？

相手の提案を「そんな予算はない」と却下すると、意欲を大きく削ぐことになりがちです。予算上の問題があるときは、まずは○のようにいって、相手にもう一考することを求めると、熱意を削ぐことにはなりません。

53 失敗した人を励ますにはコツがいる

心理的安全性⑩

×どうして、こんな失敗をしたんだ！→○気にするほどのことじゃありませんよ

エドモンソンは、心理的安全性が下がる原因のひとつに、「無能だと思われる不安」をあげています。人は、ミスや失敗をしたとき、「仕事ができないと思われるのでは」と不安になり、自分のミスを認めなかったり、報告を怠ったりしがちになるのです。そうした不安を取り除くには、ミスをした人をうまく励ますスキルが必要になります。

○は、失敗した人を励まし、謝罪を受け入れる基本フレーズ。いつまでも落ち込んでいられると、次の仕事に支障が出ます。気持ちを切り換えて、次の業務に取り組んでもらうためにも、こんな言葉で元気づけたいものです。「たいしたことでは、ありませんよ」や「気に病むことではありませんよ」も同様の場面で使えるフレーズです。

×元気、出せよ→○元気がないように見えるけど、何かあった？

相手が元気のないときには、一方的に「元気がない」と決めつけるのではなく、○のように質問の形をとり、相手が話しやすいようにするのが得策です。

×できますよ→○　○○さんなら、できますよ

人を励ますとき、単に「できますよ」というよりも、「○○さんなら」と相手の名前を入れることで、相手の承認欲求を満たすことができ、励ます効果も大きくなります。

×まいりましたね↓○まいりましたね。でも、これを次の糧《かて》にしましょう

単に、×のようにいうと、相手のミスによる損害の大きさを強調することになってしまいます。そこで、それに「でも、これを次の糧にしましょう」や「でも、かえってよかったのかもしれませんよ」といったポジティブなフレーズを加えると、相手を勇気づけることができます。

×残念でしたね↓○失敗したから、また上手になれますね

失敗した人に対して、「残念でしたね」と声をかけても、当たり前すぎて、心に響かないでしょう。「いい経験になりましたね」も常套句すぎて、効果はイマイチ。そこで、○のようにポジティブにいうと、「次に向けて、さらに努力しよう」と思わせるきっかけになるかもしれません。

×最初から無理だと思っていたんですよ↓○ナイスチャレンジ！

失敗した人に対して、×は言わずもがなのセリフ。相手が積極的に取り組んだうえでの失敗なら、○のように声をかけておくと、その積極性を損なうことはないはず。

×それが、君のダメなところだ→〇今回は、君のいいところが出なかっただけですよ

×のようなネガティブな叱責は、心理的安全性を大きく損ねます。〇のようにいえば、相手の能力や人柄を評価していることを伝えられ、相手をポジティブな気持ちにさせることができます。

×やる気あんの⁉→〇そろそろ、本気になってみませんか？

×は、今どきは、パワハラにもなりかねないNGワード。「やる気ないんだろう！」や「なに考えてんだ！」も同様にNGです。〇や「そろそろ、やる気を出してみませんか」のようにいえば、相手も「挑発」に乗ってくるかもしれません。

×がんばってね→〇一緒にがんばりましょう

「がんばってね」は、今や「挨拶言葉」のようなもので、励ましの言葉としては、ほとんど機能しません。そこで、「一緒にがんばりましょう」といえば、ともにがんばる姿勢を表すことで、心理的安全性を確保しながら励ますことができます。

column 3

ギスギスした人間関係から抜け出すひと言
――カギをにぎるのは「承認欲求」と「心理的安全性」――

☑それは、面白いですね

相手の話を引き出すには、承認欲求を満たし、心理的安全性を確保することが必要です。このフレーズは、相手の話を「面白い」と肯定することで、承認欲求を満たす一言。「興味深いですね」も同様に使えるフレーズです。

☑面白い発想ですね

相手がアイデアを口にしたとき、承認欲求を満足させる一言。「面白い発想ですね。いいと思いますよ」と肯定するときにも、「面白い発想ですね。しかし～」と、やんわり否定するときにも使うことができます。

☑なるほど、一理ありますね

これも、心理的安全性を落とさないように、相手の言葉を受け止める一言。否定的なときにも、「なるほど、一理ありますね。ただ～」のように使えます。

☑ほう、知りませんでした

相手の博識ぶりをたたえ、自尊心を満足させる相づち。相手の話が「面白くて、役に立つ」ことを一言で表せます。

☑ぼくが新人の頃は、とてもそうはできなかったよ

自分を引き合いに出して、相手を持ち上げるフレーズ。「仕事ができない」と悩んでいる新人や若手に対して、有効なセリフです。

☑○○君の努力には頭が下がるよ

相手の努力をほめるときのほめ言葉。自分でも「努力している」と自負していそうな人の承認欲求を十分に満たせます。

☑自慢に思っているんですよ

優秀な成績をあげたり、表彰を受けたりした人に対するフレーズ。同様に、「私も鼻が高いよ」も、相手の承認欲求を満たすことのできるフレーズです。

☑この一年、本当に成長したと思いますよ

新人や若手に対して、年の暮れや年度末にこう声をかけると、前述した「エンハンシング効果」が働き、さらに高いモチベーションを引き出すことができます。

青春文庫

100ページで人《ひと》を動《うご》かす！心理戦《しんりせん》
【その気《き》にさせる神《かみ》ワザ篇《へん》】

2023年4月20日　第1刷

編　者　サイコロジー・クラブ

発行者　小澤源太郎

責任編集　株式会社プライム涌光

発行所　株式会社青春出版社

〒162-0056　東京都新宿区若松町12-1
電話 03-3203-2850（編集部）
03-3207-1916（営業部）
振替番号　00190-7-98602

印刷／大日本印刷
製本／ナショナル製本
ISBN 978-4-413-29825-4

青春出版社の好評既刊

おとなの教養編集部[編]

100ページで テッパンの漢字力

【読み間違い篇】

たたき台になる**素案**→「すあん」ではなく「そあん」
偉業を**礼賛する**→「れいさん」ではなく「らいさん」
剣突をくわせる→「けんとつ」ではなく「けんつく」
更迭される→「こうそう」ではなく「こうてつ」
総花的な政策→「そうかてき」ではなく「そうばなてき」
意(い)**を体する**→「ていする」ではなく「たいする」

漢字をきちんと読めるのは、教養あるおとなの条件です。

ISBN978-4-413-29821-6　777円

※上記は本体価格です。(消費税が別途加算されます)
※書名コード(ISBN)は、書店へのご注文にご利用ください。書店にない場合、電話または Fax(書名・冊数・氏名・住所・電話番号を明記)でもご注文いただけます(代金引換宅急便)。
商品到着時に定価+手数料をお支払いください。〔直販係　電話03-3207-1916　Fax03-3205-6339〕
※青春出版社のホームページでも、オンラインで書籍をお買い求めいただけます。
ぜひご利用ください。〔http://www.seishun.co.jp/〕

お願い　ページわりの関係からここでは一部の既刊本しか掲載してありません。折り込みの出版案内もご参考にご覧ください。